DIE FARBE WEISS

Farbenrausch und Farbverzicht
in der Architektur

Klaus Jan Philipp . Max Stemshorn

DIE FARBE WEISS

Farbenrausch und Farbverzicht
in der Architektur

Mit Beiträgen von
Ursula Baus

Klaus Jan Philipp

Max Stemshorn

Ralph Stern

und Richard Meier

Gebr. Mann Verlag · Berlin

Klaus Jan Philipp, Max Stemshorn (Hrsg.)
Die Farbe Weiß

Autoren:
Ursula Baus
Richard Meier
Klaus Jan Philipp
Max Stemshorn
Ralph Stern

Redaktion: Heiko Mozer,
Klaus Jan Philipp, Max Stemshorn

Übersetzung:
Nora Krehl-von Mühlendahl

Lektorat: Dr. Andrea Raehs,
Hans Georg Hiller von Gaertringen

Gestaltung: Braun Engels Gestaltung, Ulm
Reproduktionen: Karl Gröner GmbH, Ulm

Druck und Verarbeitung:
druckhaus köthen GmbH, Köthen

© 2003 Stadthaus Ulm, die Autoren und
Gebr. Mann Verlag Berlin
Alle Rechte vorbehalten
ISBN 3-7861-2470-1

Das Buch erscheint als Katalog zur Ausstellung:
Die Farbe Weiß –
Farbenrausch und Farbverzicht in der Architektur

27. April – 22. Juni 2003 Stadthaus Ulm

Münsterplatz 50, D-89073 Ulm
Leitung: Dr. Joachim Gerner

Organisationsleitung: Karla Nieraad
Technische Leitung: Paul Stauber
Öffentlichkeitsarbeit: Anja Göbel

Projektleitung und Ausstellungsgestaltung:
Max Stemshorn
Mitarbeit: Heiko Mozer
Inhaltliche Bearbeitung: Klaus Jan Philipp,
Max Stemshorn

Mit freundlicher Unterstützung:

Akzo Nobel Deco GmbH
Werner-von-Siemens-Straße 11
31515 Wunstorf
Telefon (0 50 31) 9 61-0
Fax (0 50 31) 9 61-2 74
E-Mail sikkens@akzonobeldeco.de
www.sikkens.de
Qualität ist unsere Lieblingsfarbe.

Bibliografische Informationen
der Deutschen Bibliothek
Die Deutsche Bibliothek verzeichnet diese
Publikation in der Deutschen Nationalbibliografie;
detaillierte bibliografische Daten sind im Internet
über http://dnb.ddb.de abrufbar.

∧ **Jacob Ignaz Hittorff,** Tempel des Empedokles in Selinunt,
Fassade, 1851 (Württembergische Landesbibliothek, Stuttgart,
Foto Joachim Siener)

Vorwort

Klaus Jan Philipp
Max Stemshorn

Die Beiträge in diesem Band stellen erstmals zusammenhängend die Geschichte architektonischer Farbkonzepte vom
18. Jahrhundert bis in die aktuelle Gegenwart vor. Er erscheint
anlässlich des zehnjährigen Jubiläums des Stadthauses Ulm von
Richard Meier, nimmt also ein weißes Gebäude zum Ausgangspunkt. Mit dem programmatischen Einsatz der Farbe Weiß knüpft
Meier an die Architektur der Moderne um 1920 an. So wie damals
Weiß mit Wahrheit, Sachlichkeit und Klarheit assoziiert wurde, so
war 150 Jahre zuvor während der Aufklärung ebenfalls Weiß zum
Maßstab einer der bürgerlichen Welt entsprechenden Architektur
genommen worden. Seit damals wird Farbe in der Architektur pro-
grammatisch eingesetzt und seit damals stehen sich monochrome
und polychrome Farbkonzepte in der Architektur gegenüber. In
den Beiträgen wird der unterschiedliche Einsatz von Farbe in der
Architektur vom 18. Jahrhundert bis in die aktuelle Gegenwart verfolgt.

Klaus Jan Philipp widmet seinen Beitrag der Geschichte der
Farbigkeit von Architektur seit den ersten programmatischen Äuße-
rungen zu diesem Thema im ausgehenden 18. Jahrhundert vor dem
Hintergrund der Diskussion über Einfachheit und Natürlichkeit in
der Architektur. Wichtiger für die weitere Geschichte der Architektur war jedoch der sogenannte „Polychromiestreit", der sich an der

Frage nach der Bemalung der antiken griechischen Tempel entzündet hatte. Eigentlicher Gegenstand des Konfliktes war jedoch das viel weitergreifende architekturtheoretische Problem des Primats von Raum oder Form. Erst im 20. Jahrhundert wird der Versuch unternommen, diese Antinomie zu lösen und Farbe, Raum und Fläche zu einer neuen Einheit zu führen.

Max Stemshorn lenkt in seinem Beitrag den Blick auf die bislang nahezu unbeachtete Kapelle der Katholisch-apostolischen Gemeinde Ulms, die 1906 von einem Schüler von Peter Behrens gestaltet wurde. Das weißgrundige Kreis-Quadrat-Motiv im Innern der Kapelle lässt sich auf die Farbigkeit von Bauten der Frührenaissance in Florenz zurückführen, womit wiederum die enge Verbindung historischer Farbauffassungen mit der modernen Architektur thematisiert ist. Zugleich ist mit der Person Behrens, in dessen Büro zu Beginn des 20. Jahrhunderts Mies van der Rohe, Walter Gropius und Le Corbusier arbeiteten, die Brücke vom Historismus zur Moderne geschlagen.

Ursula Baus beobachtet in ihrem Beitrag eine Kontinuität von der Moderne des frühen 20. Jahrhunderts in die aktuelle Szene. Wer heute als Architekt selbst in den Farbtopf greift, weiß sich schon vorab in einer noblen, klassischen Tradition, die über Taut, Le Corbusier und das Bauhaus reicht und die modischen Ausreißer der Postmoderne, deren Farbvorlieben als Eintagsfliegen in Misskredit geraten sind, problemlos überdauerte. Mit Projekten und Bauten von Matthias Sauerbruch und Louisa Hutton, Till Schneider und Michael Schumacher, Will Alsop und Otto Steidle mit Erich Wiesner präsentiert sie einen bunten Querschnitt durch die farbige Architekturproduktion unserer Tage.

Ralph Stern schlägt mit seinem Aufsatz den Bogen von der weißen Architektur Richard Meiers zu Le Corbusier, sowie zu Theorien des Erhabenen zur Zeit der Aufklärung. Unter drei Oberbegriffen wird die Bedeutung und Funktion der Farbe Weiß im Werk Meiers analysiert: „constructing white", der weißen Oberfläche und deren Anspruch auf Wahrhaftigkeit und moralische Ordnung, „sustaining white", der Widerstandskraft der weißen Fläche und ihrem Anspruch auf eine kanonische Zeitlosigkeit, sowie „penetrating white", der weißen Fläche im Verhältnis zu Macht und Zerstörung.

Die Ausstellung, zu der dieses Buch erscheint, ist so konzipiert, dass die weiße Architektur Richard Meiers – das Stadthaus – gleichzeitig sowohl Ort als auch Exponat der Ausstellung ist. Die anderen Exponate – fast alle farbig – sind so platziert, dass sie den Bau, das „größte Exponat", nicht berühren und so die Wände des Stadthauses nicht zu bloßen Bildträgern degradieren, sondern im respektvollen Abstand vor den weißen Flächen bleiben. Auf vergleichbare Weise präsent ist die Architektur Meiers in diesem Buch, indem sein Vorwort das Hauptthema knapp und präzise umreißt: nämlich dass Weiß alle Farben umfasst und dass sich trotz oder gerade wegen dieser Beschränkung alle Themen der Architektur im glänzenden Licht darstellen.

∧ **Richard Meier,** Stadthaus Ulm, 1993
(Foto Martin J. Duckek)

Richard Meier

Die am häufigsten nach einer Vorlesung von Studenten
an mich gestellte Frage lautet: „Warum weiß?" Das erstaunt mich
immer wieder, weil diese Frage am Ende einer Vorlesung auftritt,
in der ich viele meiner gegenwärtigen und älteren Projekte vorge-
stellt und angenommen habe, dass die Antwort damit bereits gegeben wurde. Aber aufgrund der Häufigkeit dieser Nachfrage ist mir
inzwischen klar geworden, dass für viele das „Konkrete" von Weiß
nicht immer so einleuchtend ist, wie man denkt. Daher freue ich
mich anläßlich dieser Publikation etwas Licht in die Frage zu bringen, warum die Farbe Weiß in meinem gesamten Werk präsent ist.

Für mich umfasst Weiß sämtliche Farben. Es spiegelt eindrucksvoll die sich wandelnden Farben der Natur: das grüne Gras,
den blauen Himmel, die herbstlichen Blätter. In diesem Sinne ver-
tritt Weiß alle Farben. Es ist eine erweiternde, keine einschränken-
de Farbe. Im Gegensatz zur Wahl von nur einer Farbe, die statisch
bleiben würde, erlaubt es Weiß dem gesamten Farbspektrum sich in
einem Bauwerk zu manifestieren. Der Inhalt des Gebäudes, seien
es Menschen, Kunst oder Bücher, präsentiert auch deren eigene
zig-fache Farbzusammenstellungen. Und mit dem Wechsel des Lichtes und dem Wandel der Jahreszeiten sind diese Dinge in ständi-

Oder liegt es daran, dass Weiß eigentlich nicht so sehr eine Farbe als vielmehr die
sichtbare Abwesenheit jeglicher Farbe ist, und gleichzeitig auch die Vereinigung
sämtlicher Farben ...?

Herman Melville, Moby Dick

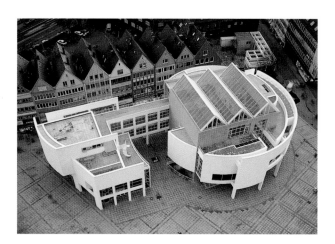

∧ **Richard Meier,** Stadthaus Ulm, 1993,
Luftbild (Foto Martin J. Duckek)

gem Fluss und resultieren in einer Architektur, die je nach Tageszeit oder Wetter anders aussieht, abhängig von diesen Erlebnissen.

Nach architektonischen Begriffen ist Weiß die Farbe, in der sich die Grundelemente eines Gebäudes – Raum, Masse, Material – am unmittelbarsten und klarsten ausdrücken lassen. Durch die Verwendung von Weiß wird die Differenzierung der Materialien und die Unterscheidung zwischen Festem und leerem Raum am deutlichsten artikuliert. Das Weiß macht es möglich, zwischen transparenten, transluzenten und opaken Oberflächen besser zu unterscheiden. Weiß verstärkt die Wahrnehmung der grundlegenden architektonischen Elemente.

Mich fasziniert die Welt von Licht und Schatten, die unabhängig von allen Assoziationen mit bestimmten Farben oder Materialien existiert. Weiß erzeugt eine neutrale Oberfläche, auf der sich das Erlebnis eines Raumes aufbaut. Es verstärkt die Wahrnehmung von Organisation und Ordnung der räumlichen Prinzipien. Es erlaubt dem mächtigen Spiel von Licht und Schatten überzeugend zum Ausdruck zu kommen. Es erlaubt dem Licht die Architektur zu durchfluten, das Licht durchdringt sie, das Licht ist überall und kann daher in höchst unverfälschter und fundamentaler Weise erlebt werden.

Es gibt noch andere Aspekte der Farbe Weiß, Melville hat seine besondere Sicht derselben sehr überzeugend beschrieben.

> **Dieses Unfassbare ist es, dass die Vorstellung von „Weiß", wenn losgelöst von freundlichen Assoziationen, gepaart mit einem grauenhaften Gegenstand, ganz dazu angetan ist, dieses Grauen ins Maßlose zu steigern ... Bedenken Sie den Albatros. Woher kommen diese Wolken unkörperlichen und fahlen Grauens, in denen dieses weiße Phantom in allen Vorstellungen dahinsegelt? ... Was immer man daher in anderer Gemütsverfassung Großes und Schönes mit dieser Farbe versinnbildlichen mag, niemand kann leugnen, dass sie mit ihrer letzten, vergeistigten Bedeutung in unserer Seele eigentümliche Erscheinungen hervorruft.**

> Herman Melville, Moby Dick[*]

Zu guter Letzt, die Verwendung dieser „weiß leuchtenden Weiße" ermöglicht es mir, mein wichtigstes Anliegen zu verfolgen: die Schaffung von Raum, Form und Licht in der Architektur.

———[*] New York 1851, zitiert nach der Übersetzung von Fritz Güttinger, Manesse Verlag, Zürich 1999

< **Richard Meier,** Stadthaus Ulm,
Treppenraum (Foto Martin J. Duckek)

ᐯ **Richard Meier,** Stadthaus Ulm,
Treppenraum (Foto Martin J. Duckek)

∧ **Friedrich von Gärtner,** Studienblatt, Kapitell mit Basis vom
Tempel Jupiter Tonans, Rom 1815 (München, Architekturmuseum
der Technischen Universität)

Farbe, Raum, Fläche
Architektonische Farbkonzepte von der
Antike bis ins 20. Jahrhundert

Klaus Jan Philipp

Klaus Jan Philipp
Farbe, Raum, Fläche: Farbkonzepte in der Architektur

Farbe interpretiert Architektur. Farbe begleitet Architektur als Materialfarbe oder als applizierte Farbe seit den ersten Anfängen. Farbe unterstützt die Struktur eines Bauwerks, sie kann ihr auch entgegenarbeiten und ein Eigenleben führen. Bauten werden bunt geschmückt, bedacht auf ihre Umgebung farbig gefasst oder sind monochrome Solitäre, auf denen sich die Farben der Umgebung abzeichnen. Immer ist Farbe mit im Spiel. Eine farblose Architektur gibt es nicht.[1]

Seit dem Ausgang des 18. Jahrhunderts ist die Geschichte der Architektur und die Geschichte der Theorie der Architektur von zwei Grundfragen beherrscht: Bestimmt das ungeklärte Verhältnis von Architekt und Ingenieur den Diskurs um die Wissenschaftlichkeit und die Innovationsfähigkeit von Architektur? Zum anderen besteht seit ebenfalls etwa 200 Jahren Unklarheit über die Frage nach der Priorität von räumlicher Typologie und der Differenzierung der Form. Plakativ gesprochen geht es bei dieser zweiten Frage um den Gegensatz vom reinen weißen Körper und dekorierter Fläche oder – anders gewendet – um das Erlebnis eines körperhaft empfundenen Raums im Unterschied zum intellektuellen Erkennen eines aus Flächen generierten Raumes.

Die Architekturtheorie der europäischen Aufklärung widmete sich erstmals in ihrer Geschichte dezidiert dem Problem der Farbigkeit von Gebäuden vor dem Hintergrund der Diskussion über Einfachheit und Natürlichkeit in der Architektur. Buntfarbigkeit wurde als unnatürlich im Gegensatz zur Farbwirkung natürlicher Baumaterialien eingestuft. Gleichzeitig teilte sich der Weg der Forschung über Farbe in zwei Stränge: einen physikalischen und einen phänomenologischen. Der Physik gelang es, die Entstehung der Farben und ihre technische Reproduzierbarkeit zu perfektionieren und zu optimieren. Die Phänomenologie und die psychogene Wirkung von Farben stehen seither in Frage und sind immer noch Gegenstand der Diskussion. Zunächst wurde dieser Diskurs um die richtig oder falsch angewendeten Farben und den Charakter der Farbigkeit geführt. Städtebauliche Fragen, vor allem der durch Farbe erzeugten Räumlichkeit, klingen darin bereits an, werden jedoch erst im frühen 20. Jahrhundert in ihrer Tragweite erkannt und entsprechend umgesetzt.

Wichtiger für die Geschichte der Architektur des 19. und 20. Jahrhunderts ist jedoch der sogenannte „Polychromiestreit", der ab den dreißiger Jahren des 19. Jahrhunderts Architekten und Archäologen aufwühlte. Der Streit entzündete sich an der Frage nach der partiellen oder vollständigen Bemalung der antiken griechischen Tempel, beinhaltete jedoch ein viel weitergehendes architekturtheoretisches Problem. Denn hinter dem archäologischen Zwist um die farbige Fassung griechischer Tempel wird der Kampf um den Primat von Raum oder Form geführt, die visuelle Wahrnehmung von Bauwerken gegen ihre Körperlichkeit ausgespielt. Monochromen Fassungen von Architekturelementen, die in ihrer kubischen Reinheit wirken wollen, oder von stereometrischen Körpern, die allein im Spiel des Lichtes ihre eigentümliche Ästhetik entfalten, werden vielfarbige Bauwerke mit ihren durch Farbe differen-

< **Modell des Lysikrates-Denkmals in Athen mit
rekonstruiertem Dreifuß,** Ausführung: S. Alemdar,
Tübingen, Maßstab 1:10 (Tübingen, Archäologisches
Museum der Universität)

zierten Formen entgegengestellt. In letzter Konsequenz sind die Bauformen und Stile des 19. Jahrhunderts – Historismus und Eklektizismus – durch diese gegensätzlichen Positionen geprägt, denn im beliebigen Applizieren von Stilelementen vergangener Zeiten auf Raumhüllen, deren Körperform damit verdeckt wird und unartikuliert bleibt, konkretisiert sich der im Polychromiestreit aufgeworfene Konflikt zwischen Raum und Form. Erst im 20. Jahrhundert wird der Versuch unternommen, diese Antinomie zu lösen und Farbe, Raum und Fläche zu einer neuen Einheit zu führen. Seitdem wechseln sich in zwangloser Folge eher farbige und eher monochrome Phasen in der Architektur ab.

Die Farbe Weiß

Die Farbe Weiß, ob als Nichtfarbe oder als Summe aller Farben gedeutet, begleitet als Materialfarbe oder als applizierte Farbe die Baugeschichte seit der Antike. „Weiß" ist über fast alle Kulturen und Zeiten hinweg mit ähnlichen Assoziationen verbunden: Licht, Erhabenheit, Reinheit, Tod, Unschuld, Heiligkeit, Vollkommenheit, Gefährdung, Energie, Sammlung, Kälte, Sauberkeit, Sterilität, Leere und Fülle, Indifferenz und Vitalität, Anwesenheit und Abwesenheit. Im übertragenen Sinne meint „Weiß" Idealität, es bezeichnet eigentlich keinen Stoff, sondern neigt zur Negierung der Materie. Weiße Formen geben die reine Idee wieder, während die Farbe von der Sphäre des Idealen ablenkt und in die Niederungen der Realität führt. 1996 behauptet ein Architekt und Kritiker: „Es ist ein Zeichen von Kultur, daß ein weniger an Buntheit immer ein mehr an Geschmack bedeutet. Eine Stadt ist keine Karnevals

veranstaltung."[2] Weiß spreche den Intellekt an, die Farbe die niederen Instinkte. So propagiert Andrea Palladio 1570 in den „Vier Büchern zur Architektur", dass keine Farbe sich so gut für Tempel eigne wie das Weiß, „da die Reinheit dieser Farbe und die Reinheit im menschlichen Leben im höchsten Maße Gott angemessen ist."[3] Im Jahr 1672 ist sich der Theoretiker Giovanni Pietro Bellori sicher, dass das Volk zwar schöne Farben verstehe, nicht aber schöne Formen. Buntheit und Farbe ziehe die Form aus der Sphäre des Idealen herab in die Niederungen der Realität. Klassisch abgesichert ist eine solche Einstellung namentlich durch Goethe, der in der Farbenlehre die Abneigung gebildeter Menschen vor Farben hervorhebt: „Die Frauen gehen nunmehr fast durchgängig weiß und die Männer schwarz."[4] Wenige Jahre später versucht Gottfried Semper die eng gesteckten Grenzen des guten Geschmacks zu überwinden und fragt: „Ist es nicht billig, uns wenigstens den Fall zu denken, daß, was uns bizarr, grell, bunt und blendend erscheint, es nicht mehr sein würde, wenn wir es mit etwas weniger blödsichtigen Augen ansähen."[5] Ferdinand Avenarius, Herausgeber der Zeitschrift „Der Kunstwart" schlägt in dieselbe Kerbe, wenn er 1896 daran erinnert, dass „eine gesunde fröhliche Farbe fröhlicher und gesunder ist, als eine bleichsüchtige kranke." Avenarius weiß aber auch, dass in der Praxis die Wenns und Abers aus der Reflexion über die Farben kommen würden: „‚Zarte' Farben sind ‚feiner', das ‚Auffällige' ist nicht ‚vornehm', die ‚Andern' machen so was auch nicht, ‚rot und blau geht dem Hanswurst seine Frau' u.s.w."[6] Der Kritiker Adolf Behne schlägt 1919 in dieselbe Kerbe: „Was den heutigen gebildeten Kunstspießer vornehmlich kennzeichnet, ist ja seine

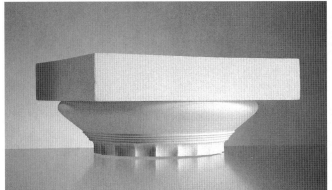

⌄ **Dorisches Kapitell vom Concordia-Tempel in Agrigent,**
Gipsmodell im Maßstab ca. 1:10 (Tübingen, Archäologisches Museum der Universität)

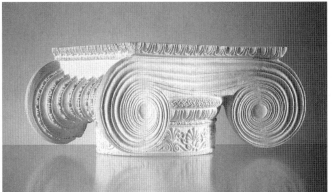

⌃ **Ionische Kapitell des Erechteions auf der Akropolis Athen,**
Gipsmodell im Maßstab ca. 1: 8,2 (Tübingen, Archäologisches Museum der Universität)

Furcht vor der Farbe! Farbe ist nicht ‚fein'. Fein ist perlgrau oder weiß. Blau ist ordinär, rot ist aufdringlich, grün ist kraß [...], die Farblosigkeit ist das Kennzeichen der Bildung, weiß gleicht der Farbe europäischer Haut. Auf farbige Kunst, farbige Architektur, sieht der Kulturmensch unserer Zone herab wie auf farbige Leiber – mit einer Art von Grauen."[7] Als ob es ein ehernes Gesetz sei, zieht sich die Meinung durch die Ideengeschichte der Farbe, dass Naturnachahmung und Farbe keinen Zugang zur Ideenwelt des Geistes, der eigentlichen Heimat des Menschen, vermitteln: Allein Weiß steht für Wahrheit, das Eigentliche, das Wesentliche.

Gipsabgüsse

Dieses Verständnis der Farbe Weiß gründet in der Kunsttheorie des Klassizismus. In den Malereitheorien seit der Renaissance werden Weiß und Schwarz im Unterschied zur Farbenlehre des Aristoteles, der sie als Urfarben bezeichnet, nicht zu den eigentlichen Farben gerechnet, sondern sie werden als etwas Besonderes – als Ausdruckswerte von Licht und Schatten (Alberti) als Repräsentanten von Licht und Finsternis (Leonardo da Vinci, Goethe) – von den anderen Farben unterschieden. Für Leonardo ist das Weiß „selbst keine Farbe, aber es hat die Fähigkeit jede beliebige Farbe anzunehmen."[8] Johann Joachim Winckelmann, dessen Beschäftigung mit der antiken Skulptur einen epochalen Neubeginn zu Mitte des 18. Jahrhunderts markiert, erklärt die Wirkung der Farbe Weiß physikalisch, weil sie das Licht am meisten reflektierte: „Da nun die weiße Farbe diejenige ist, welche die mehrsten Lichtstrahlen zurückschickt, folglich sich empfindlicher

macht, so wird auch ein schöner Körper desto schöner sein, je weißer er ist."[9] Ein Gipsabguss einer antiken Statue würde die reine plastische Form ohne irgendeinen Oberflächenreiz wiedergeben, die Konturlinie besser hervorheben und somit die geistige Form des Urbildes, also die reine Idee vermitteln.[10]

Diesen Vorteil von Abgüssen suchte man auch mit Architekturmodellen aus Gips. 1798 ist im Louvre das „Musée d'Architecture" eingerichtet worden, als dessen Konservator der Architekt Léon Dufourny tätig war. Dufourny lässt auf seinen Reisen nach Rom seit 1782 nicht nur Zeichnungen und Aufmaße der antiken Bauten anfertigen, sondern auch Architekturfragmente in Originalgröße in Gips abformen. Seit etwa 1816 werden auch Abgüsse ganzer Architekturanlagen nach Frankreich geliefert und dort angehenden Architekten und Künstlern als Ideale antiker Architektur zum Studium präsentiert: zu Ende des 19. Jahrhunderts kann man in Paris die Korenhalle des Erechteions, Teile des Niketempels und drei Säulen mit Gebälk des Parthenons der Akropolis von Athen, drei Schatzhäuser von Delphi und zwei ebenfalls in Originalgröße abgeformte Säulen des Castortempels in Rom besichtigen. Ergänzt werden diese Prinzipalstücke der antiken Architektur unter anderem durch Teile des Mars-Ultor-Tempels, des Marcellus-Theaters, des Tempels des Antonius und der Faustina und des Vesta-Tempels in Tivoli. Die beeindruckende Sammlung der großformatigen bis über 20 Meter hohen Gipse ist heute in der Petit Écurie in Versailles zu besichtigen.[11]

Ebenso zu Studienzwecken dienen Architekturmodelle aus Gips im Maßstab 1:36, 1:30 oder 1:25, die von 1806 bis zur Über-

⌄ **Korinthisches Kapitell vom Lysikratesmonument in Athen,** Gipsmodell im Maßstab ca. 1:3,7 (Tübingen, Archäologisches Museum der Universität)

∧ **Kompositkapitell vom Titusbogen in Rom,** Gipsmodell im Maßstab ca. 1:7 (Tübingen, Archäologisches Museum der Universität)

gabe der Sammlung an die École des Beaux Arts im Jahr 1826 im Architektur-Museum von Louis-François Cassas in Paris ausgestellt waren.[12] Die Modelle von Jean-Pierre und François Fouquet aus blütenweißem Pariser Gips erheben den Anspruch, wissenschaftlich exakte Rekonstruktionen zu sein.[13] Sie sollen den Stil der zeitgenössischen Künstler korrigieren helfen und zur allgemeinen Geschmacksverbesserung beitragen. Zur Eröffnung des Museums wird betont: Herr Cassas habe die Modelle „von fähigen Handwerkern sorgfältig und in einem ausreichenden Maßstab fast alle in feinem Gips oder in Terracotta modellieren lassen, in vollkommener Ergänzung; einige in Kork, um den Zustand ihres Verfalls besser zu imitieren."[14] Weißer, strukturloser Gips scheint allein fähig, wahre und vollkommene Formen auszudrücken, eine ästhetische Norm zu begründen und die Ideale der antiken Baumeister wiederzugeben[15], während der poröse Kork die Bauten im Verfall zeigte.[16]

Die Fouquets fertigten nicht nur Modelle antiker Architektur, sondern auch von neuen Entwürfen. Berühmt ist das Modell für das Kapitol von Virginia in Richmond (USA) nach den Plänen von Charles-Louis Clérisseau von 1785, die nach Skizzen und Zeichnungen von Thomas Jefferson entstanden war. Das 1786 in Paris gefertigte Modell von Jean-Pierre Fouquet wurde nach Richmond geschickt, wo es noch heute erhalten ist. Eine jüngst durchgeführte Restaurierung brachte sechs verschiedene Farbfassungen zum Vorschein, die wahrscheinlich auf die jeweilige Farbfassung des nach einem leicht modifizierten Plan errichteten Baues zurückzuführen sind. Ursprünglich ist das Modell ganz weiß in Pariser Gips. 1802 wird als Grundfarbe braunes Steinimitat aufgetragen;

ca. 1830 wählt man kräftiges gelbliches Ocker als Grundfarbe, während die Fensterrahmen und andere Details in gebrochenem Weiß erscheinen. Etwa 1865 wird das Modell in einem monochromen Braunton gestrichen, den man in den 1870er Jahren durch einen hellen, fast weißen Ton ersetzt. In den 1890er Jahren wird ein typisch spätviktorianisches Schema mit hell kolorierten Wänden und dunklen Einfassungen von Rahmen und Fenstern gewählt. Im frühen 20. Jahrhundert, 1904/1906 entscheidet man sich – gleichsam stilecht – wieder für ein reines Weiß, das bis heute geblieben ist.[17] In groben Zügen reflektiert die Farbgeschichte des Kapitol-Modelles von Richmond die Entwicklung farbiger Architektur im späten 18. und im 19. Jahrhundert.

„Von der Farbe oder dem äusserlichen Anstrich der Häuser"

Hinweise auf die Farbigkeit von Gebäuden finden sich in der Architekturtheorie bis zum Ende des 18. Jahrhunderts nur wenige, und für die meisten Theoretiker bleibt die Farbigkeit ein nur marginaler Punkt ihres Nachdenkens über Architektur. Joseph Furttenbach empfiehlt in seiner „Architectura civilis" (Ulm 1628) gelbe oder graue Imitationen von Rustika. Leonhard Christian Sturm lehnt in seiner „Vollständigen Anweisung zu der Civilbaukunst" (1. Auflage 1696) materialfremde Steinanstriche als „ungeziemend und schädlich" ab.[18] Christian Ludwig Stieglitz behandelt im Artikel „Farben" seiner einflussreichen „Enzyklopädie der bürgerlichen Baukunst" nur die Kolorierung von Baurissen.[19] Seine Angaben, wie Gebäude farblich zu fassen seien, beschränken sich meist auf allgemein gehaltene Angaben, die sich nach dem jeweils

∧ **Richmond/Virginia,** Capitol, Modell von Jean-Pierre Fouquet (1786) mit verschiedenen Farbfassungen (Virginia Cavalcade, Winter 2002)

> **Friedrich Christian Schmidt,** Bürgerlicher Baumeister, Bd. 1, Gotha 1790 (Württembergische Landesbibliothek Stuttgart, Foto Joachim Siener)

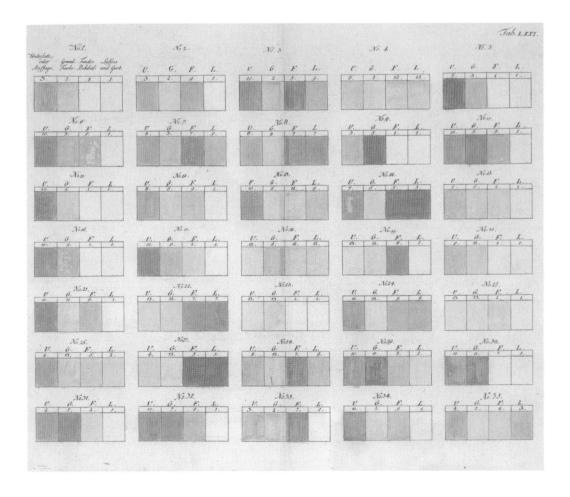

Tab. LXXI.

angestrebten Charakter des Gebäudes richten: dunkle Farben für Gebäude im schauerlichen Charakter (Grabmäler, Gefängnisse), helle Farben für Bauten im prächtigen, schönen und gefälligen Charakter (z. B. Schlösser, Kirchen, Landhäuser). Entsprechend war etwa das Brandenburger Tor in Berlin ursprünglich durch Langhans in weißer Marmorfarbe gehalten; nach der jüngsten 2002 abgeschlossenen Restaurierung ist es – nach dem Wunsch der Berliner – steinsichtig, aber hell.[20] Erst mit Christian Friedrich Schmidts mehrbändigen Werk des „Bürgerlichen Baumeisters" von 1790, das ein ausführliches Kapitel über den äußeren Anstrich von Gebäuden enthält, beginnt die eigentliche Geschichte der theoretischen Auseinandersetzungen mit der Farbigkeit von Gebäuden.

Um sich eine Vorstellung davon zu verschaffen, wie Fassaden von Wohnhäusern im 18. Jahrhundert farbig gefasst waren, lohnt sich ein Blick auf die Kritik von Farben, die bis in die neunziger Jahre des 18. Jahrhunderts verwendet wurden: Schmidt geißelt 1790 seine Vorfahren, die besonders in Klein- und Mittelstädten, sich „aller Farben des Regenbogens" bedient hätten; je reicher und vornehmer sich jemand dünkte, „desto auffallender und lebhafter wählte er die Farbe."[21] Doch gilt dies nicht nur für die Bürger von Kleinstädten: Bereits 1665 erscheint dem englischen Architekten Christopher Wren das Schloß Versailles von Louis Le Veau als zu bunt: „Die Mixtur von Ziegel, Stein, blauen Schieferplatten und Gold lässt es wie eine reiche Livrée aussehen."[22] Kräftige Farben, so Schmidt 1790 weiter, kontrastieren und blenden zu sehr, weshalb man sie nicht benutzen solle. Zudem würden diese bunten Farben einem Gebäude nicht den „Schein von Festigkeit geben",

den man auch hölzernen Häusern gern geben möchte, um sie aussehen zu lassen, „als wären sie von guten gehauenen Steinen erbaut". Dezidierte Anweisungen, wie der äußere Anstrich der Gebäude auszusehen habe, bringt Schmidt auf einer Farbtafel mit 35 Kombinationen von dreizehn Farben, wobei jeweils vier Farben für den Sockel, die Grundfarbe, die Fensterbekleidungen, die Lisenen und Gurte zusammengestellt sind.[23] Bei allen Kombinationen ist die Grundregel beachtet, dass die Farbpalette (weiß, strohgelb, hochgelb, erbsgelb, gelbgrünlich, lederfarbig, gelbgrau, fahlgelblich, fahlgrünlich, hell aschgrau oder silberfarbig, dunkel aschgrau, röthlich, blaß ziegelroth) von unten nach oben aufhellt, so dass der Sockel als tragendes Teil dunkel gehalten wird und die aufsteigenden Teile je nach ihrer tragenden oder nur verzierenden Funktion dunklere oder hellere Farben erhalten. Der insgesamt helle Farbton solle gewährleisten, dass die Straße nicht durch den Anstrich der Häuser verdunkelt werde. Noch steht diese Farbbehandlung an durch Lisenen und Pilastern gegliederten Bauten in barocker Tradition: So war etwa das Schloß Schönbrunn bei Wien bis ins frühe 19. Jahrhundert rosarot und grau gefasst. Das Schönbrunner Gelb oder „Kaisergelb", das für viele öffentliche Gebäude im Österreich-Ungarischen Kaiserreich zum Vorbild wurde, erhält das Schloss erst nach Gründung des österreichischen Kaiserreiches im Jahr 1804 und könnte als Rückgriff auf das römische Ockergelb interpretiert werden.[24]

Die allgemeine Tendenz der für die Geschichte der Architektur so wichtigen Periode um 1800 geht in Richtung einer zurückhaltenden, zum Monochromen tendierenden Farbigkeit. So

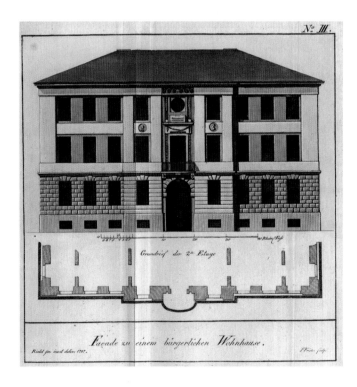

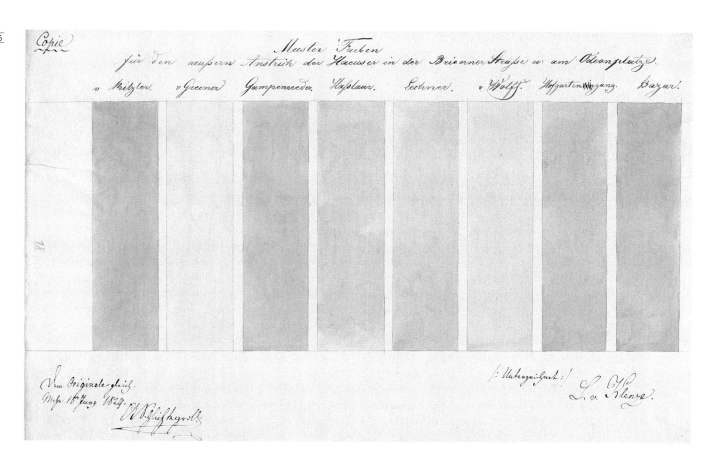

Copie

Muster Farben
für den aeußern Anstrich der Haeuser in der Brienner Straße w: am Odeonplatze.

v. Kitzler.   v Greiner   Gampenrieder.   Haßlaur.   Lechner.   v Wolff.   Hofgarten-Wegang.   Bazar.

Dem Originale gleich.
Mspt 16 Juny 1829.

/: Unterzeichnet :/
L. v. Klenze.

∧ **Leo von Klenze,** Farbmusterkarte mit Farbaufstrichen für
8 Gebäude an der Ludwigstraße in München, 1829 (Bayerisches
Hauptstaatsarchiv–Staatsarchiv München)

< **Heinrich August Riedel,** Wohnhausfassade, aus:
Sammlung nützlicher Aufsätze, Berlin 1797 (Institut
für Architekturgeschichte, Universität Stuttgart)

erscheint eine 1797 in einer der ersten Architekturzeitschriften, der „Sammlung nützlicher Aufsätze die Baukunst betreffend", publizierten farbige Fassung einer städtischen Wohnhausfassade vom Berliner Architekten Heinrich August Riedel der zeitgenössischen Kritik durch die Verwendung von fünf verschiedenen Farben als zu bunt, obwohl Riedel sich nach eigener Aussage sehr zurückgehalten habe.[25] Wenige Jahre später kritisiert dessen Bruder Heinrich Karl Riedel an Wohnbauten in den Städten „alle brennenden Farben, wie man sie leider sehr häufig wahrnimmt, z.B. Zimmt- oder Rhabarberfarbe, Roth, Orange, oder Hellgrün oder brennend-Gelb."[26] In dieser Forderung spiegelt sich nochmals das allgemeine Bestreben der Architektur in Deutschland zur Zeit der Aufklärung, möglichst einfache – natürliche – Formen zu verwenden, keine irgend geartete Affektation zuzulassen.

Auch andere Architekten im frühen 19. Jahrhundert plädierten für eine den Steinfarben angeglichene Farbigkeit: 1810 verbreitet Friedrich Weinbrenner die Lehre, dass Häuser von außen „nie weiss angestrichen werden [sollten], weil die nachbarlichen Gebäude durch das Blendende dieser Farbe sehr belästigt werden." Statt dessen empfiehlt er gebrochene Farben, wie „grau, grau-roth, graugelb etc."[27] 1826 fordert der bayrische Architekt Johann Michael Voit in seiner „Landbaukunst" eine stärker monochrome Behandlung der Gebäude, „deren Anstrich immer eine natürliche Steingattung nachahmen" solle. 1829 schreibt Karl Friedrich Schinkel, der seine eigenen Bauten in idealer Reinheit im schattenlosen Umrissstich publizierte,[28] in einem Gutachten für die Baukommission in Düsseldorf: „Jede Farbe, die bei gewöhnlicher Architektur

nicht an irgendein Baumaterial erinnert, wird schon etwas Anstößiges haben."[29] Rein weiße Gebäude haben für ihn etwas Unheimliches, und er fühlt sich in solchen Bauten unbehaglich.[30] Genauer sind wir über die Farbgebung von mehreren Wohnhäusern in der Münchner Ludwigstraße informiert: 1828 mahnt der Münchner Oberbaurat Leo von Klenze in einem Schreiben an die kgl. Regierung des Isarkreises an, dass bei elf Häusern in der Ludwigstraße vor dem ehemaligen Schwabinger Tor noch der Anstrich fehle. Es stand bereits in den Kaufverträgen, dass die Bauten nach den Vorgaben des Architekten farblich zu fassen seien. 1829 erstellt Klenze eine Farbmusterkarte mit Farbaufstrichen für 8 Gebäude.[31] Zuvor hatten die Hauseigentümer sich dazu geäußert, welche Farbe sie ihren Häusern zu geben gedächten. Z.B. wünscht sich der Schönfärber Gsellhofer ein graugelb „ähnlich dem Haus des kgl. Baurats Himbsel an der Leihhausstraße", Himbsel selbst besaß das Bazargebäude, das er gern in einer grau-grünlichen Steinfarbe nach Art der Kehlheimer Steine bemalt hätte. Andere wünschten sich einen graugrünen, rötlichen, rötlich-gelben, gelblichen oder gräulichen Anstrich. Klenzes Musterkarte differenziert nach Farb- und nach Helligkeitswerten und versucht natürlich ein künstlerisches Gesamtkonzept gegenüber den individuellen Vorlieben durchzusetzen: Für die acht Bauten schlägt er eine „farblich subtil differenzierte und fein nuancierte Palette von wärmeren und kühleren Grautönen" vor.[32] Wichtig ist, dass es sich um monochrome Anstriche handelte, ohne farbliche Absetzung der architektonischen Gliederungen. Dies steht in deutlichem Unterschied zu Farbfassungen von Bauten in den abseits der Ludwigstraße gelegenen Mietshausquar-

‹ **Friedrich Ludwig Gaab**, Entwurf für das Kronprinzenpalais am Schlossplatz in Stuttgart, 1844 (Institut für Architekturgeschichte, Universität Stuttgart)

› **Giovanni Salucci**, Details von der Grabkapelle auf dem Rotenberg bei Stuttgart, 1819 (Universitätsbibliothek Stuttgart)

tieren der Max- und Schönfeldvorstadt: Dort gab es 1827 ein Haus mit folgendem Farbkonzept: stumpfes Grüngrau für die Rücklagen der Fassade mit ockerfarbenen Absetzungen der Gesimse und Fenstereinfassungen; der Sockel war schwarz mit wenig grün pigmentiert. Ein anderes Wohnhaus besaß 1829 einen ockerfarbenen Sockel, hell violette Putzrücklagen und violett-grau gebrochenen Gliederungen. Das architektonisch betonte Obergeschoß mit Mezzanin war überdies durch ein rotbraunes Gesims und ein violett-grau gebrochenes Kranzgesims eingefasst.[33] Es scheint, dass all die Aufrufe zu einer lichteren und beruhigten Farbigkeit nicht gehört wurden.

Eine solche Polychromie geht gegen Ende des 19. Jahrhunderts zurück; die Farben werden wieder gedämpfter und tendieren zur Vereinheitlichung in gedeckten Farben.[34] 1840 wird in Bayern der weiße Kalkanstrich verboten, weil Ärzte meinen, die weiße Tünche würde die Augen zu stark blenden und zu Augenkrankheiten führen.[35] 1863 untersagt die Allgemeine Bauordnung für die Haupt- und Residenzstadt München reines Kalkweiß und alle anderen grellen Farben.[36] Bevorzugt war jetzt ein vergrautes Grün, das als „Patinaton" bezeichnet wurde, der sich harmonisch in eine farblich heterogene Umgebung einfügt.[37]

Wichtigster Anhaltspunkt für die Farbigkeit von Architektur bleibt jedoch das ganze 19. Jahrhundert hindurch die Forderung nach Steinfarbigkeit. In den „Sieben Leuchtern der Baukunst" setzt John Ruskin 1849 im Kapitel „Leuchter der Wahrheit" seinen 14. Lehrspruch: „Die rechtmäßigen Farben der Architektur sind die von natürlichen Steinen". Er führt dann weiter aus, dass er aus dieser

Position den größtmöglichsten Nutzen gezogen sehen möchte. „Jede Schattierung, vom blassen gelb bis zum violett, über orange, rot und braun, steht zu unserer Verfügung; ebenfalls fast jede Nüance von grün und grau; welche Harmonien lassen sich nicht mit diesen Tönen, und reinem weiß erreichen?"[38] Steinfarbigkeit bedeutete auch eine Zurücknahme der Sättigung und Helligkeit: 1865 heißt es in einem Vortrag vor dem Hannoverschen Architekten- und Ingenieurverein: „Für die Hauptfarbe wird [...] ein milder Ton zu wählen sein und man wird wohl thun, dabei in den Schranken zu bleiben, welche durch die Farbe des natürlichen Steins vorgezeichnet sind."[39] In seinem Werk „Die Farbe vom ästhetischen Standpunkt" gibt Ludwig Pfau 1871 zu bedenken, dass die Natur „fortwährend bestrebt ist, die Prachtfarben zu reduzieren, ihre Kraft zu brechen, und [...] die Collectivfarben auszubilden."[40] 1880 empfiehlt ein anderer Theoretiker des Farbauftrages an Wohnhausfassaden: „Indem wir der deutschen Herbstlandschaft in der Zeit der Weinlese ihre warmen, saftvollen Farbstimmungen entnehmen, schaffen wir sowohl unserem Gemüthe als unserem sinnlichen Auge Befriedigung."[41] Erst in der Spätphase des Historismus um die Jahrhundertwende wendet man sich von der Steinfarbigkeit wieder ab und trägt Anstriche in saftigem Grün und hellem Blau auf. Damals, 1892, schreibt Paul Scheerbart, der später für die farbige Architektur von Bruno Taut so wichtig wurde, über Berlin: „Immer bunter wird's in Berlin. Bald wird man nicht mehr leben dürfen, ohne Farbe zu bekennen. Man wird seine Lieblingsfarben bekennen müssen – nicht nur an Rock und Weste – nein auch an Haus und Hof, Giebel und Dach, Thor und Flur, Erker und Schornstein etc."[42]

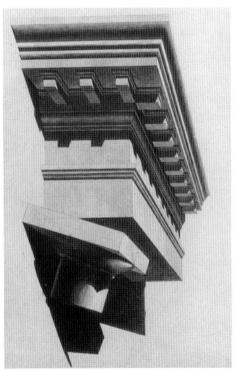

∧ **Johann Michael Knapp**, Perspektivische Zeichnungslehre, Geometrische Körper im Raum, 1811 (Stadtarchiv Backnang)

< **Johann Michael Knapp, Studienzeichnung**, Architrav mit verschobener Säule, 1811 (Stadtarchiv Backnang)

∨ **Gottfried Semper,** Vorläufige Bemerkungen über bemalte
Architectur und Plastik bei den Alten, Altona 1834, Titelseite

∨ **Gottfried Semper,** Vorläufige Bemerkungen über bemalte
Architectur und Plastik bei den Alten, Altona 1834, Rücktitel

Das während des 19. Jahrhunderts ungebrochen positive Verhältnis zu einer farbigen – monochromen oder polychromen – Architektur steht einerseits in einer langen Tradition seit der Antike und wird ab den dreißiger Jahren durch den so genannten „Polychromiestreit" befördert.

Die weißen Gipse und der „Gipskult" des 19. Jahrhunderts erhärteten die Vorstellung einer auch ursprünglich weißen Architektur der Antike, obwohl man bereits seit den ersten archäologischen Expeditionen nach Athen zu Mitte des 18. Jahrhunderts wusste, dass die Bauwerke Farbspuren aufwiesen, also ursprünglich – wie auch immer – farbig gefasst gewesen waren. In den Jahren um 1830 war durch Beobachtungen von farbiger antiker Skulptur und Architektur von Antoine Chrysostome Quatremère de Quincy, Jakob Ignaz Hittorff, Gottfried Semper und Franz Kugler an zahlreichen Beispielen belegt, dass das Bild einer rein weißen Antike, wie es in Anschluss an Winckelmann gezeichnet worden war, nicht aufrecht gehalten werden konnte. Die archäologische Auseinandersetzung, auf welche Weise und welche Teile antiker Architektur ganz oder teilweise farbig und mit welchen Farben gefasst waren, braucht hier nicht weiter zu interessieren. Für die Geschichte der Architektur des 19. und 20. Jahrhunderts ist der Polychromiestreit deshalb so wichtig, weil sich in den konträren Positionen der Kampf um den Primat des körperlichen Raumes oder der farbigen Fläche abzeichnet. Grundsätzlich ging es darum, der klassizistischen Doktrin der Bevorzugung der Form und des durch plastische Formen erzeugten Raums entgegenzutreten. Der Weimarer Philosoph Gottfried Gruber hat 1810 die Wirkung der Baukunst ausschließlich in Abhängigkeit von Masse und Form gesehen: die Baukunst wirke „nach allen drei Dimensionen" und stelle „wirkliche Raumerfüllung" dar.[43] Im „Architektonischen Lehrbuch" von Friedrich Weinbrenner, als einem der wichtigsten Architekturlehrer zu Beginn des 19. Jahrhunderts, ist diese Doktrin im ersten Kapitel des ersten Hefts „Über Form und Schönheit" in Paragraph 4 festgelegt: Es wird dort der Satz aufgestellt, „dass die Schönheit eines sichtbaren Objects in den räumlichen Umrissen bestehe, und dass Farben oder der Gehalt der Materie den Kunstprodukten keine Schönheit gebe, sondern diese nur durch mehr oder weniger zufällige Reize erhöhe und mitunter den Ausdruck verstärke."[44] 1819 ergänzt Weinbrenner dann im dritten Teil des Lehrbuchs, „dass die Schönheit einer Sache nur in ihrer Form bestehe und dass deshalb Farben und Material nichts Wesentliches zur Schönheit beitragen, dabei aber geschickt sind, den Reiz des Schönen zu erheben, so wie von der andern Seite Licht und Schatten zur gehörigen Distinction der Formen gehören."[45] Im frühen 20. Jahrhundert wird sich Fritz Schumacher in Hamburg diese Haltung zur Wirkung von Farbe und Schatten zu Eigen machen und somit eine Position des Klassizismus ins 20. Jahrhundert retten.

Die Verfechter der antiken Polychromie vertraten hingegen die These, dass die Farbe seiner Glieder für ein Gebäude keineswegs nur etwas Akzidentelles sondern etwas Wesentliches sei: Der Kunsthistoriker Franz Kugler greift 1835 in seiner kleinen Publikation „Ueber die Polychromie der griechischen Architektur und Sculptur und ihre Grenzen" scharf die „Waimar'schen Kunstfreunde" an, die

< **Franz Kugler,** Ueber die Polychromie der griechischen Architektur... 1835, Frontispiz (Württembergische Landesbibliothek, Stuttgart, Foto Joachim Siener)

∧ **Gottfried Semper,** Der Stil in den bildenden Künsten, 1860,
Tafel 1 (Fakultätsbibliothek Architektur und Städtebau,
Universität Stuttgart)

< **Gottfried Semper,** Der Stil in den bildenden Künsten,
1860, Tafel 5 (Fakultätsbibliothek Architektur und Städtebau,
Universität Stuttgart)

das „Wesen der griechischen Architektur und Plastik einzig und ausschließlich in der Form, in dem Wechselspiel räumlicher Verhältnisse, begründet" sähen. Farbe spiele an diesen Bauten und Skulpturen keine Rolle; hingegen ginge man davon aus, dass unser Auge räumliche Verhältnisse „nur durch Linien des Umrisses und die Abstufungen von Licht und Schatten, wie sich solche an farblosen Körpern zeigen", wahrnehmen würde.[46] In dieselbe Richtung hatte Gottfried Semper in seiner Broschüre „Bemerkungen über vielfarbige Architektur und Sculptur bei den Alten" argumentiert. Er greift dort die „Macht des Abstractionswesens" an, „das so haarscharf in der Kunst die sichtbaren unzertrennlichen Eigenschaften der Körper, die Farbe von der Form zu trennen weiss."[47] Dass sich Semper und Kugler bis über die fünfziger Jahre des 19. Jahrhunderts und darüber hinaus einen erbitterten Kampf lieferten, erscheint angesichts der von beiden in Frage gestellten und in ihren Grundfesten widerlegten Doktrin unverständlich.[48] In ihren ästhetischen Grundüberzeugungen waren sich beide einig darin, dass die Idee der reinen Form zugunsten der Idee der geschmückten Fläche aufgegeben werden müsse. Und in der Kritik einer zu bunten Rekonstruktion antiker Architektur, wie sie etwa Hittorff vorschlug,[49] sind sie sich auch einig gewesen: Kugler sah hier eine Farbigkeit ausgebreitet „vor der sich ein jedes gesund organisirte Auge mit einiger Sorge vor nachhaltiger Verletzung zuschliessen dürfte."[50]

Während Kugler sonst zu einer gemäßigten Haltung neigt, einen Mittelweg sucht und eine Vermittlungsebene zwischen Form und Farbe anbietet,[51] wird die Polychromie für Semper zu einem Hauptargument und Grundpfeiler seiner Geschichte der Formenentwicklung in der Baukunst und den anderen Künsten. „Unselige Prinzipien der Aesthetik" hätten die Grenzen der einzelnen Künste genau umschrieben – so Sempers Kritik an der Autonomie der Künste wie sie die Kunsttheorie des Klassizismus hervorgebracht hat –, jede Kunst gehorche nur eigenen Gesetzen, „Streifereien" in benachbarte Gebiete seien verpönt.[52] An der Gestaltung der flächigen, gestalteten Wand ließ sich dabei für ihn eine Entwicklung der Baukunst besonders prägnant ablesen.[53] Ganz wichtig für Semper ist die historische Kontinuität: „Denken wir uns die Antike vielfarbig, so tritt sie in die Verwandtschaft der orientalischen Kunst und der des Mittelalters."[54] 1863 hat der französische Architekt und Theoretiker Viollet-le-Duc denselben Gedanken ganz lapidar zusammengefasst:

> „Les Asiatiques ont coloré leur architecture
> Les Égyptiens ont coloré leur architecture.
> Les Grecs ont coloré leur architecture.
> Les Romains ont coloré leur architecture, soit au moyen de peinture,
> soit en employant des matières de couleurs différentes.
> Pendant la période byzantine et romane occidentale, on a continué
> à colorer l'architecture.
> Pendant la période dite gothique, par tradition, on a coloré
> l'architecture [...].[55]

Erst Michelangelo – so Semper weiter – trat „zum erstenmal mit ungemalter nackter Architektur"[56] auf, in der das skulpturale Moment überwiege und zugleich eine intellektuelle Abstraktion vor-

∨ **Jacob Ignaz Hittorff,** Tempel des Empedokles in Selinunt,
Fassade, 1851 (Württembergische Landesbibliothek, Stuttgart,
Foto Joachim Siener)

∨ **Jacob Ignaz Hittorff,** Tempel des Empedokles in Selinunt,
Schnitt, 1851 (Württembergische Landesbibliothek, Stuttgart,
Foto Joachim Siener)

∧ **Ludwig Fenger,** Farbige Rekonstruktion der Nordwestecke des
Parthenons auf der Akropolis in Athen, 1886 (Württembergische
Landesbibliothek, Stuttgart, Foto Joachim Siener)

genommen worden sei. Semper erklärt sich die auf Michelangelo folgende Entwicklung der Architektur dann daraus, dass die „monochromen Neuerer" diese abstrakte Architektur für mangelhaft empfunden hätten und durch das „Risalit- und Schnörkelwesen" zu beseitigen versuchten, „um den mageren, kalten Steinmassen in ihren leeren Verhältnissen Abwechslung von Schatten und Licht, Fülle und Leben zu erteilen."[57] Dennoch mutet ihn „der überladenste Palast aus der schlimmsten Haarzopfperiode [...] noch immer wohlgefälliger an, als die neuen Bastardgeburten des modernen Fracks mit der Antike."[58] Man hätte den Fehler begangen, die schmucklos und kahl überlieferten griechischen Tempel für die antike Wirklichkeit zu halten: „Das Magere, Trockene, Scharfe, Charakterlose der neueren Erzeugnisse der Architektur lässt sich ganz einfach aus dieser unverständigen Nachäfferei antiker Bruchstücke erklären."[59] In knappen, knackigen Worten gelingt es Semper, die Entwicklung der Farbigkeit vom 16. bis 18. Jahrhundert zusammenzufassen: Von der Hell-Dunkel-Akzentuierung Michelangelos, dem Weiß der Kirchenbauten Palladios, zur an römischer antiker Architektur orientierten Material-Polychromie eines Bernini, zur Verwendung reinen Weißes bei Borromini, den Arbeiten der Wessobrunner Stuckateure und den Kirchenbauten der Vorarlberger Meister, hin zu den Farbräumen des österreichischen Barock und den von pastellener Farbigkeit bestimmten Bauten des Rokoko, bis schließlich in der klassizistischen Sakralarchitektur wieder reines Weiß dominiert.[60]

1851 greift Semper nach Erscheinen der phantastischen farblichen Rekonstruktion des sogenannten Heroon des Empedeokles in Selinunt von Hittorf das Polychromiethema nochmals auf, verschießt flammende Kritik in alle Richtungen und kommt schließlich zu der Feststellung, dass die Polychromie ihre historische Basis verloren habe. Seitdem die Römer den Stoff und die Konstruktion der Mauer künstlerisch überhöht hätten und sie durch ihr Weitergreifen in den Raum in Gestalt von Bögen und Gewölben formgebend und formbestimmend auftrete, seitdem habe die Polychromie ihre Bedeutung verloren und sei auch heute nicht mehr einsetzbar.[61] Nur die „Benutzung des verschiedenfarbigen Materials" sei geblieben und es müsse vorausgesetzt werden „dass bei der Wahl der decorativen Formen und Farben nicht mehr, [...] ein der Mauer fremdes Bauelement, sondern die Construction selbst und der sich darbietende Stoff massgebend auftreten." Letztlich bleibt aber fast nur Resignation, denn Semper selbst hält seine Vorschläge für „armselige Hausmittel, die keinen altsiechen Zustand in Jugendkraft verwandeln können. Nicht der Kräuter der Medea, wohl aber ihres verjüngenden Kessels bedarf es."[62]

Während Semper die Farbigkeit der Bauten seiner Zeit mit Charakterisierung wie Bauten in „zierlich verblasem Marzipanstyl" oder im „bluthroten Fleischerstyl" verunglimpft, stellt er sich selbst in die Tradition der italienischen Renaissance. Schriftlich hat er sich zur Farbigkeit des Zweiten Dresdner Hoftheaters geäußert, dessen Außenbau mit Ausnahme der Exedra, die die Renaissance-Farbigkeit des Inneren nach außen kehrt, monochrom im Steinton gehalten ist.[63] Bei dem großen Einfluss, den Semper auf die Architektur des späten 19. und frühen 20. Jahrhunderts ausgeübt hat, bleibt festzuhalten, dass für ihn die Polychromie zum Ausgangspunkt seiner später entwickelten Bekleidungstheorie wird.[64]

∧ **Michelangelo,** Florenz, Bibliotheca Laurenziana,
Treppenhaus (AKG Images/Ribatti – Domingie)

Farbe stellte gleichsam die sublimierteste Form der „Bekleidung" eines Bauwerks dar und war nicht, wie für andere Architekten schlicht schmückende Bereicherung von Architektur.[65] Stil in der Baukunst bedeutete für Semper Differenzierung der Fläche durch die Schmuckform. Die für die Entwicklung von Bautypen so wesentliche Körperform interessierte ihn weniger, obwohl ihm die Bedeutung räumlicher Typologien klar vor Augen stand. Letztlich basieren auch die Grundrissideen der Dresdener Hoftheater auf den Vorlagen von Jean-Nicolas-Louis Durand, den Semper 1834 vollmundig als „Schachbrettkanzler für mangelnde Ideen"[66] diffamiert hatte. Auch in seinem Festhalten an Stilprinzipien der italienischen Renaissance blieb Semper seiner Zeit gegenüber zurück: 1872 kommentiert Viollet-le-Duc seinen Entwurf zu einer „bescheidenen Konstruktion" aus einem ausgefachten Eisenfachwerk damit, dass er nicht irgendeinem historischen Stil entsprechen, sondern die Möglichkeiten des modernen Materials und seines angemessenen Gebrauchs präsentieren wolle.[67] Mechanik und Struktur eines Gebäudes müssen die wichtigsten Ausdruckselemente sein, die sekundären Merkmale wie die Ausfachung der nichttragenden Wände können geschmückt und bemalt werden, nicht aber die tektonisch wichtigen Teile.[68] Semper sind zudem auch nicht die in die Zukunft weisenden Ideen des räumlichen Moments der Architektur, die im Weimarer Kreises um Gruber entwickelt worden waren und von Böttiger in Berlin vertreten wurden[69], voll zu Bewusstsein gekommen, weshalb ihm August Schmarsow, der als erster moderner Theoretiker Architektur als Raumkunst definiert hat,[70] zu Recht ein Versäumnis vorwerfen kann. Denn für die moderne Architektur

des 20. Jahrhunderts wird vor allem der Ausgleich der um 1800 einsetzenden Antinomie von räumlicher Typologie und der Differenzierung der Form von größter Bedeutung sein und schließlich zur Aufhebung des Gegensatzes zwischen Farbgestalt und Raumgestalt führen. Farbe als Bekleidung der Wand spielt dabei keine Rolle mehr.

Denkmalpflege und moderne Architektur

Vergleichbar der Farbfolge des Modells vom Kapitol in Richmond, lässt sich an einem mittelalterlichen Bau beobachten, wie sich die Vorstellung von Farbigkeit und der farbigen Distinguierung von Struktur und Form im Laufe der Zeit und insbesondere im Wechsel vom 19. zum 20. Jahrhundert gewandelt hat: Sehr gut bearbeitet und in verschiedenen historischen Fassungen nachvollziehbar ist die Farbgeschichte der Schlosskapelle in Marburg an der Lahn:[71] 1288 ist der Bau mit vollendeter Farbfassung geweiht worden. Die Farbfassung steht somit auf der Schwelle des zu Ende des 13. Jahrhunderts zu beobachtenden Wandels in der farblichen Fassung gotischer Kirchen: Zu Beginn des Jahrhunderts wurde der Wandkern betont; vor ihm entwickelt sich die Vertikalität der Gliederungen in farbig wechselnder Schichtung. Im späten 13. Jahrhundert kehrt sich das System um: Die vertikalen Gliederungen werden farblich einheitlich betont und zwischen den Vertikalen spannt sich die Wand als entkörperlichte Fläche.[72] Fast scheint hier die Distinktion von struktiven und funktionalen Systemen wie sie in den sechziger und siebziger Jahren des 20. Jahrhunderts an zahlreichen Bauten beobachtet werden kann, vorweggenommen

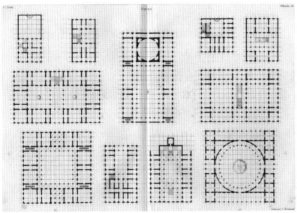

< **Jean-Nicolas-Louis Durand,** Grundrisse zu Höfen, aus: Preçis des Leçons d'Architecture, 1802 (Institut für Architekturgeschichte, Universität Stuttgart)

∨ **Jean-Nicolas-Louis Durand,** Theater, aus: Preçis des Leçons d'Architecture, 1802 (Institut für Architekturgeschichte, Universität Stuttgart)

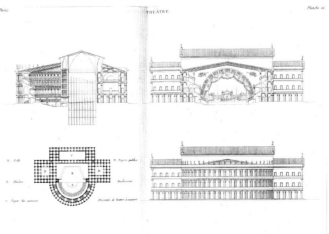

∧ **Karl Friedrich Schinkel,** Schauspielhaus, Berlin, aus: Sammlung
architektonischer Entwürfe... 1821 (Institut für Architekturgeschichte,
Universität Stuttgart)

zu sein. In der Marburger Schlosskapelle wird durch die Farbfassung das Wandgefüge und die Last-Stütze-Beziehung des gotischen Gliedersystems von Rippen und Diensten ihrer optisch-statischen Bindungen entzogen. „So tritt das Gliedersystem als ein schwereloses feingliedriges Gerüst in Erscheinung, das den Raum einspannt und die ausbuchtenden Nischen an den Seiten übergreift. Demgegenüber erscheinen die Wand- und Gewölbeflächen von sekundärer architektonischer Wertigkeit, leicht ausgespannt von dem Gerüst der Architekturglieder. An Kapitellen und Schlusssteinen verdichtet sich die Farbigkeit und legt Grund für die Vergoldung des plastischen Laubwerkschmuckes. Damit werden diese Knotenpunkte des architektonischen Gliedergerüstes zugleich zu strahlenden Sammelpunkten der Farbwirkung der Innenraumfassung."[73] Auch diese Farbbeschreibung eines mittelalterlichen Sakralraums ließe sich auf die Struktur einer modernen konstruktivistischen Architektur nahezu uneingeschränkt übertragen, wenn man sich etwa die farbliche Differenzierung der Tragstruktur und der Struktur der Haustechnik von Richard Rogers und Renzo Piano am Centre Georges Pompidou in Paris vor Augen führt, wenn dort auch die Knotenpunkte anders betont und konstruiert sind.

In der weiteren Entwicklung der mittelalterlichen Farbgebung setzt sich seit dem ausgehenden 13. Jahrhundert ein vereinheitlichender Weißgrund durch, während die Fugenmalerei allmählich an Bedeutung verliert. Im frühen 16. Jahrhundert wird die Marburger Kapelle erneut ausgemalt: Wand- und Gewölbeflächen werden nun geweißt, darauf die Gliederungen grau abgesetzt und mit braunen Begleitstreifen versehen. In ganz vergleichbarer

Weise war etwa der Bamberger Dom im 17. Jahrhundert gefasst worden.[74] In solcher Farbigkeit verblieb die Marburger Kapelle bis ins 19. Jahrhunderts, als 1874 durch Carl Schäfer eine rekonstruierende Neufassung der mittelalterlichen Fassung erfolgte. Die aufgefrischten, kräftigen Farben stießen jedoch bald schon auf heftigen Widerstand und Kritik. Bereits 1883 erfolgt eine zweite historische Neufassung ohne Berücksichtigung der denkmalpflegerischen Befunde mit einem blauem Sternenhimmel und Teppich-Schablonenmalerei. Der nach Wahrheit in der Architektur suchenden Moderne verdankt die Kapelle dann ihre Entrestaurierung: 1928–1930 wurde die historistische Fassung ausgetupft und mit einheitlichem Schleier künstlicher Patina überlasiert. Der Kunsthistoriker Karl Justi beurteilte 1942 diesen Zustand als Erlebnis einer „gewissen Kahlheit" und fährt dann fort: „Indessen kann man sich auf Dauer dem wundervollen Anblick nicht entziehen, den die ausschließlich durch ihre Eleganz wirkende, jeder aufdringlichen Hervorhebung der einzelnen Bestandteile bare Architektonik auf das Auge und das Gemüth ausübt."[75] 1972/1973, wiederum unter gewandelten denkmalpflegerischen Voraussetzungen, erfolgte eine zweite rekonstruierende Neufassung, die den mittelalterlichen Zustand des ausgehenden 13. Jahrhunderts wieder herstellt. Inzwischen ist die zunächst grell wirkende Farbigkeit durch die Zeitläufte wieder etwas verblasst.

Die von Semper und Viollet-le-Duc mehr gewünschte als wissenschaftlich nachgewiesene historische Kontinuität der polychromen Fassung von Architektur bestätigte sich im Laufe des 19. Jahrhunderts und wurde zu Beginn des 20. Jahrhunderts zum

< **Eugène E. Viollet-le-Duc,** Modeste Construction, aus: Entretiens sur l'architecture, 1863 (Institut für Architekturgeschichte, Universität Stuttgart)

< **Marburg,** Schlosskapelle, Blick nach Osten (Bildarchiv Foto Marburg)

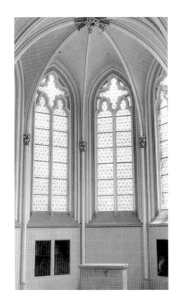

ersten Mal zusammenhängend dargestellt.[76] Stärker als noch im 19. Jahrhundert verläuft jetzt das Interesse an einer farbigen Architektur parallel dem Interesse an der wissenschaftlichen Erforschung historischer Farbigkeiten. Das 1914, wenige Tage vor Kriegsausbruch abgeschlossene und erst 1930 erschienene Buch von Hermann Phleps zur farbigen Architektur bei den Römern und im Mittelalter muss in Zusammenhang mit den Aufrufen zum farbigen Bauen[77] von Fritz Schumacher[78], Adolf Behne, Theo von Doesburg und vor allem von Bruno Taut[79] gesehen werden. Wer – wie auch immer begründet – farbig baut, befindet sich in einer langen, reichen und über jeden ästhetischen Zweifel erhabenen Tradition. Einig sind sich alle darin, dass Farbe keine beliebige Architekturdekoration ist, sondern ein wesentliches Moment baukünstlerischer Gestaltung und „integraler, schon im Planungsprozeß mitreflektierter Gestaltungsfaktor von Architektur."[80]

Die Farben der Moderne

Wenn Justi angesichts der weißen Marburger Kapelle die „bare Architektonik" des Bauwerks hervorhebt, so steht er damit noch ganz im Einfluß der ersten Moderne des beginnenden zwanzigsten Jahrhunderts. Hatte Phleps in beeindruckender Weise die Polychromie der römischen und mittelalterlichen Architektur, wenn auch nach heutigem Kenntnisstand nicht immer richtig, doch eindrucksvoll belegt, so stand zu Beginn des 20. Jahrhunderts für machen Architekten der Kampf gegen die Polychromie des 19. Jahrhunderts noch im Vordergrund. Die Methode, sich der Geschichte als Leitschnur zu bedienen, machte sich dabei auch die Gegenfront

Johann Bernhard Fischer von Erlach,
Kollegienkirche Salzburg (Foto O. Anrather, Salzburg)

zunutze. Adolf Loos begründet seine Philippika gegen die polychrome Steinfarbigkeit mit dem weißen Kalküberzug der Bauten von Johann Bernhard Fischer von Erlach aus dem frühen 18. Jahrhundert: „Fischer von Erlach brauchte keinen granit, um sich verständlich zu machen. Aus lehm, kalk und sand schuf er werke, die uns so mächtig ergreifen wie die besten bauwerke aus den schwer zu bearbeitenden materialien. Sein geist, seine künstlerschaft beherrschten den elendesten stoff. Er war imstande, dem plebejischen staube den adel der kunst zu verleihen. Ein könig im reiche der materialien."[81] So auf sicherem historischen Boden verwurzelt, ist es zwölf Jahre später, 1910, für Loos kein Problem, den verputzten Teil des Hauses auf dem Michaelerplatz in Wien mit denselben Argumenten für die Schönheit des weißen Putzes zu verteidigen.[82]

Weiße Putzflächen zeichnen vor allem die Architektur in der Frühphase der Moderne aus. „Die starke Betonung der Funktion in der Architektur, die Vorliebe für glatteste, einfachste und rein konstruktive Formen, die flachen Dächer und all dergleichen führten dazu, daß die Farbe für ein Stück Romantik gehalten wurde. Weiß war nun die Parole. Weiß als die Farblosigkeit ‚an sich', oder, anders gesprochen, als die Farbenfülle an sich. Weiß als Glücksbringer des absolut funktionellen Architekten."[83] Als Henry-Russell Hitchcock und Philip Johnson 1932 im Museum of Modern Art in New York die Ausstellung „The International Style" kuratierten und vor der Aufgabe standen, eine Geschichte der modernen Architektur zu schreiben, waren sie auch aufgefordert, sich mit den unterschiedlichen Positionen zur Farbgebung auseinanderzusetzen. Sie unterscheiden drei Perioden: Zunächst schenkte man der Farbe wenig Aufmerksamkeit und bevorzugte glatte, meist weiße, Putzflächen. „Darauf folgte eine Periode, während der die Verwendung von Farbe großen Rang erlangte. In Holland und Deutschland verwendete man kleine Flächen mit reinen Elementarfarben, in Frankreich große Felder mit gedämpfteren Farben."[84] Die künstlerischen Quellen dieser partiell aufgetragenen Farbigkeit sind mit Mondrian und Ozenfant, also zwei Malern unterschiedlicher Intention, benannt. Die dritte Periode der späten zwanziger Jahre und der Gegenwart ginge hingegen wieder zurückhaltend mit Farbe um, was die beiden Kuratoren auch als die eigentlich zu befolgende Regel ausgeben, und wie im 19. Jahrhundert, entweder den völligen Verzicht oder eine natürliche Farbigkeit – Steinfarbigkeit – empfehlen. Durch reine Farben könne Architektur leicht zu „Plakatwänden" verkommen, „eine betont künstliche Farbgebung [führe] zu einem zu starken Kontrast zu natürlichen Umfeldern", während „helle und neutrale Töne, die sich nicht ungebührlich mit denen der Natur reiben", angenehmer wirken würden. Nur in Städten sei eine Ausnahme denkbar, denn dort „können kleine Tupfer mit auffälliger Farbgebung zu großen, neutral getönten Flächen einen wirkungsvollen Kontrast bilden."[85]

1927 hat Mies van der Rohe für die Weißenhofsiedlung in Stuttgart allen beteiligten Architekten ein „gebrochenes Weiß" als Grundfarbe vorgeschlagen. Nicht alle Architekten hielten sich an diese Vorgaben. Le Corbusier und Pierre Jeanneret fassten den Baukörper des Doppelhauses weiß, die Treppenanbauten hellgrün (vert pâle), die Sichtblende im ersten Obergeschoss mittelgrau und die Stahlstützen dunkelblaugrau. Diese Farben – ergänzt um hellgelb, dunkelbraun, englischrot und hellgrau – erscheinen im Innenraum wieder.[86] Richard Döcker ließ sein Haus in „verschiedenen hellen Tönen" streichen.[87] Nur Bruno Taut widersetzte sich farbenstark den Vorgaben: Werner Graeff, Pressechef der Ausstellung, berichtet rückblickend: „Bruno Taut hatte sein ziemlich würfelförmiges Haus ab der Straßenfront knallrot, eine Seitenwand tiefblau, eine dritte von oben bis unten gelb gestrichen. Als ich einmal mit Corbusier durch die Siedlung ging, prallte er vor diesem Bau zurück und sagte: ‚Mein Gott, der Taut ist farbenblind!'..."[88]

Natürlich war Taut nicht farbenblind und ebenso wenig trifft der Vorwurf von Hitchcock und Johnson zu, dass kräftige Farben mit der Umgebung zu stark kontrastieren. Gerade die von Bruno Taut in Berlin durchgesetzte farbliche Fassung von Großsiedlungen hat sich ja bis heute bewährt. Für Taut werden Bauten mittels starker Farben auf die Umwelt und den konkreten Ort bezogen. Er setzt Farbe ein, um der Uniformität der preisgünstig gebauten Siedlungen zu entgehen, und er setzt auf die psychogenen Fähigkeiten von Farbe.[89] 1931 schreibt er in der Zeitschrift „Die farbige Stadt": „Da die Farbe die Fähigkeit hat, die Abstände der Häuser zu vergrößern oder zu verkleinern, den Maßstab der Bauten so oder so zu beeinflussen, sie also größer oder kleiner erscheinen zu lassen, die Bauten mit der Natur im Zusammenhang oder in Gegensatz zu bringen und all dergleichen mehr, da die Farbe also gar nicht anders als die Backsteine des Mauerwerks oder des Eisen und der Beton des Skelettbaues aus dem Bauvorgang auszuschalten ist, so muß auch mit ihr ebenso logisch und konsequent wie mit jedem anderen Material gearbeitet werden."[90] Was bei den Siedlungsneu-

bauten – die Gartenstadt Falkenberg bei Berlin („Tuschkastensiedlung"), der Hufeisensiedlung in Berlin-Britz und Onkel-Toms-Hütte in Zehlendorf – opportun erschien, war im innerstädtischen Zusammenhang kaum zu ertragen: Als Stadtbaurat von Magdeburg machte Taut innerhalb kurzer Zeit aus einem milchgrauen und erbsensuppenfarbenen Ort die Stadt des „wildgewordenen Farbenkübels."[91] Nach der kürzlich erfolgten Wiederherstellung der Taut'schen Farbigkeit, die ohne Rücksicht auf die tektonische Gliederung der Häuser aus dem 19. Jahrhundert über die Fassaden geschüttet ist, scheinen alle zeitgenössischen Argumente gegen Taut sehr höflich formuliert.[92] 1922 diagnostiziert ein Redakteur der „Deutschen Bauhütte" das Krankheitsbild der „Herde von Tauteologen", die sich an Farbe überfressen hätte: „Es entstanden Cafés und Dielen, deren Wände und Beleuchtungskörper solche Farbenorgien durcheinanderschrien, daß Veitstanz oder Seekrankheit die harmloseren Krankheiten waren, die man allenfalls mit nach Hause nahm. Und die Häuserfronten schrien blau, rot, grün, orange, ocker, schokoladenfarben, violett und rosa, auch grau und sogar schwarz ..."[93] Wie aber bereits Hitchcock und Johnson bemerkten, verblasste bald nach dieser anfänglichen Euphorie das Interesse an Farbe.

Denkmalpflege und aktuelle Architektur

Wie zu Beginn finden noch einmal im 20. Jahrhundert denkmalpflegerisches und aktuelles architektonisches Interesse an farbiger Architektur zusammen: Und zwar in der gemeinsamen Kritik an einer weißen – besser Beton-grauen – modernen Archi-

∨ **Bruno Taut,** Alpine Architektur, 1919
(Institut für Architekturgeschichte,
Universität Stuttgart)

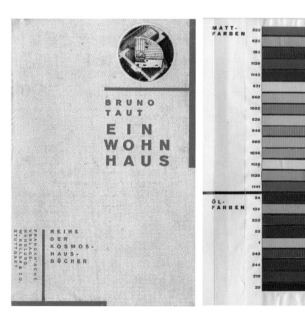

∧ **Bruno Taut,** „Ein Wohnhaus", 1927
(Institut für Architekturgeschichte,
Universität Stuttgart)

tektur in den späten siebziger Jahren. Sogenannte „Fassadenaktionen" 1972 anlässlich der Olympiade in München oder 1976 zur 600-Jahr-Feier der Stadt in Stuttgart geben den Nachkriegsgrauen Schluchten der Städte wieder ein fröhliches – oft allzu – farbiges Gesicht. In der Folge des Europäischen Denkmaljahres 1975 verstärkt sich die Sensibilisierung auf Ensembles, Ortsbilder, Altstadtkerne und deren Farbigkeit. Dies geschieht offenbar so stark, dass bereits wenige Jahre später wieder zur Besinnung aufgerufen werden muss, da „Farbigkeit bei meist technoid gebliebenen Grundverhalten vorwiegend als applizierter Buntwert eingesetzt wird, also ohne Indikation von Material oder Struktur des Bauwerks."[94] Bunt und farbig wird verwechselt. Meist sind es unhistorische, heutigen Geschmacksnormen unterliegende Farben und Gestaltungssätze der „Stadtbildpflege", die Kulturlandschaften – Dörfer wie städtische Viertel des 19. Jahrhunderts – farblich nivellieren und ihrer Eigentümlichkeit in Gefahr bringen.[95] Während die Denkmalpflege vor weiterer Verfarbigung warnt, wird die moderne Architektur unter dem Leitstern der Pop-Art immer farbiger: Charles W. Moore stellt 1977 sein Haus Burns in Santa Monica (Kalifornien) vor und betont, dass nur vertraute Formen und Materialien verbaut wurden, sich aber dennoch eine Überraschung „durch ein Kaleidoskop von achtundzwanzig Farbschattierungen in Orange, Lila und Ocker" einstelle.[96] 1982 erinnert eine Ausstellung an der Gesamthochschule Essen an notwendige Maßnahmen zur farbigen Bau- und Stadtgestaltung „um damit einen bescheidenen Beitrag zur Sanierung des desolaten Zustandes der meisten unserer Städte" zu leisten.[97] Es beginnt nun der Siegeszug der Koloristen, deren Har

monisierungseifer sich unterschiedslos jeder Architektur annimmt. 1994 klagt Ulrich Conrads voller Bitternis: „Das Verschwindenlassen von Architektur durch Farbe dort, wo von Architektur noch gesprochen werden kann – und dazu sind in der Regel auch technische Bauwerke, wie Wassertanks, Wassertürme, Silos, Schornsteine, Brücken und Transportanlagen zu zählen –, ist heute offenbar von gleicher Schnellsichtigkeit geleitet wie der unselige Kult mancher Denkmalpfleger mit der ,Herausarbeitung' des je Gefällig-Dekorativen."[98]

Seit den achtziger Jahren ist die Architektur ohne Zweifel wieder heller geworden und nach dem Farbenrausch der Postmoderne beschränkt man sich heute eher auf einen punktuellen Einsatz von Farbe, die dann aber um so reicher, um so greller und um so provokativer sein kann. Nicht jeder Architekt wird wie Friedrich Ernst von Garnier gleich so weit gehen wollen und den bewussten und gestalterischen Einbezug von Farbe mit Kunst gleichsetzen. Zustimmen wird man ihm aber in seiner grundsätzlichen Forderung: „Von Anfang an, von Planung an, muß die Farbe/materialbezogen, rhythmusbezogen, umgebungsbezogen, klimabezogen in der Architektur wieder mit-ordnen dürfen leise, laut, hell, dunkel, aktiv, passiv."[99] Es geht aber nicht mehr um Harmonisierung der gebauten Umwelt, nicht mehr um ein farbliches Anpassen, nicht mehr um Rücksichtnahme und befundgesicherte Vorsicht: Statt dessen eine selbstbewusste Architektur, die einen ebenso selbstbewussten Auftrag von Farbe verträgt. Einen wichtigen Weg hat hier das Büro Günther Behnisch gewiesen. Farbe wird eingesetzt um das „Vorhandene zu stärken, zu artikulieren, ja zu korrigieren."[100] Die vorgege-

∧ **Thomas Gordon Smith,** Matthews Street Home,
Aquarell, 1980 (Deutsches Architekturmuseum,
Frankfurt am Main)

bene Welt soll durch Farbe überwunden werden, weil Farbe uns schneller und unmittelbarer anspricht als Materialien, Konstruktionen und plastische Form eines Gebäudes.[101]

Je aggressiver jedoch Leuchtreklamen und Medienwände in den öffentlichen Raum eingreifen und Autos in allen Farben des Regenbogens die Sockelzone aller Bauten verstellen, desto disziplinierter aber auch desto mutiger sollte jenseits von ästhetischen Ideologien und anachronistischen Geschmacksdebatten die Farbgebung – gleich ob farbig, bunt oder weiß – der Bauten sein.

[1] Eine umfassende Publikation zur Farbe in der Architektur gibt es bislang nicht; chronologisch und topographisch sehr detailliert behandelt die Farbigkeit von Architektur bis ca. 1840 der Artikel „Farbigkeit der Architektur" von Friedrich Kobler und Manfred Koller, in: Reallexikon zur deutschen Kunstgeschichte, VII. Band, München 1981, Spalte 274–427; dort auch die hier vernachlässigten Aspekte zur Ikonologie von Farbigkeit und zum heraldischen Gebrauch von Farbe an Bauten.

[2] Max Bächer, Architektur zwischen Weiß und Kunterbunt, in: Johannes Uhl (Hrsg.), Die Farben der Architektur: Facetten und Reflexionen, Basel 1996, S. 94–100, hier S. 98.

[3] Andrea Palladio, Die vier Bücher zur Architektur, nach der Ausgabe Venedig 1570 aus dem Italienischen übertragen und herausgegeben von Andreas Beyer und Ulrich Schütte, Zürich 1983, Buch IV, Kap. 2, S. 275.

[4] Johann Wolfgang von Goethe, Zur Farbenlehre, Werke, Hamburger Ausgabe, Bd. 13, München 1981, S. 508, Abschnitt 841.

[5] Gottfried Semper, Vorläufige Bemerkungen über vielfarbige Architektur und Sculptur der Alten, Altona 1834, hier zitiert nach Hans und Manfred Semper, Gottfried Semper: Kleine Schriften, Nachdruck der Ausgabe Berlin und Stuttgart 1884, Mittenwald 1979, S. 236.

[6] Hervorhebungen im Zitat; zitiert nach Franziska Bollerey und Kristina Hartmann, Farbenstreit und Farbenbund: Zitate der 20er Jahre gesammelt und kommentiert, in: Martina Düttmann, Friedrich Schmuck und Johannes Uhl, Farbe im Stadtbild, Berlin 1980, S. 18–28, hier S. 19.

[7] Adolf Behne, Die Wiederkehr der Kunst, Berlin 1919, S. 102, zitiert nach Rainer Weck, De Stijl, Bauhaus, Taut: Zur Rolle der Farbe im Neuen Bauen, in: Kunstforum International, 57, 1983, S. 60–74, hier S. 65.

[8] Wolfgang Schöne, Über das Licht in der Malerei, 8. Aufl. Berlin 1994, S. 115f. mit Anm. 253.

[9] Johann Joachim Winkelmann, Geschichte der Kunst des Alterthums (Dresden 1764), unveränderter Nachdruck der Ausgabe Wien 1934, Köln 1972, S. 148.

[10] Ingeborg Kader, Zur Rolle der Farbe in der mentalen Präsentation: Gipsabgüsse und die Farbe „weiss", in: Henri Lavagne und François Queyrel, Les moulages de sculptures antiques et l'histoire de l'archéologie, Actes du colloques international Paris, 24, octobre 1997, Genève 2000, S. 121–156, verweist S. 124 auf folgenden Fall: Bereits 1683 hält man in Arles die dortige Venus, nachdem sie durch einen weißen Gipsabguss ersetzt worden war, für „plus agréable à cause de sa blancheur et de l'égale beauté de sa matière."

[11] Ingeborg Kader und Charlotte Schreiter, Eine vergessene Attraktion: Das Museum für Gipsabgüsse in Versailles, in: Antike Welt, 30, 1999, S. 245–252.

[12] Werner Szambien, Le Musée d'Architecture, Paris 1988.

[13] Geneviève Cuisset, Jean-Pierre et François Fouquet, artistes modeleurs, in: Gazette des Beaux Arts, 132, 1990, S. 227–240.

[14] Zitiert nach Hans Ulrich Cain, Gipsabgüsse: Zur Geschichte ihrer Wertschätzung, in: Anzeiger des Germanischen National-museums, 1995, S. 200–215, hier S. 207; Sibylle Einholz, Orte der Kontemplation und Erziehung: Zur Geschichte der Gipsabgusssamm-lungen in Berlin, in: Hartmut Krohm (Hrsg.), Meisterwerke mittel-alterlicher Skulptur: Die Berliner Gipsabgusssammlung, Berlin 1996, S. 11–40; Frank Matthias Kammel, Die Sammlung der Abgüsse von Bildwerken der christlichen Epochen an den Berliner Museen, in: Krohm (Hrsg.), a. a. O., S. 41–66. Sigrid Düll und Klaus Stemmer, Bemerkungen zur Kulturgeschichte des Gipsabgusses, in: Das Spiel mit der Antike zwischen Antikensehnsucht und Alltagsrealität, Festschrift zum 85. Geburtstag von Rupprecht Düll, hrsg. v. Sigrid Düll, Otto Neumaier und Gerhard Zecha, Möhnesee 2000, S. 213–233. Valentin Kockel, „Dhieweilen wier die Antiquen nicht haben konnen ...“ – Abgüsse, Nachbildungen und Verkleinerungen antiker Kunst und Architektur im 18. und 19. Jahrhundert, in: Antikensamm-lungen des europäischen Adels im 18. Jahrhundert als Ausdruck einer europäischen Identität, Internationales Kolloquium in Düssel-dorf vom 7.2.–10.2.1996, Mainz 2000 (Monumenta Artis Romanae XXVII), S. 31–48; Berliner Gypse des 19. Jahrhunderts: Von der Idee zum Gipsabguß, Ausstellungs-Katalog Abgußsammlung Antiker Plastik , Alfter 1993; Frank Matthias Kammel, Der Gipsabguß: Vom Medium der ästhetischen Norm zur toten Konserve der Kunstge-schichte, in: Andrea M. Kluxen (Hrsg.), Ästhetische Probleme der Plastik im 19. und 20. Jahrhundert, Nürnberg 2001, S. 47–72.

[15] J. G. Legrand, Collection des chef d'œuvres de l'architec-ture des différents peuple, exécutés en modèles, sous la direction de L. F. Cassas, Paris 1806: „ils [die Modelle] furent dans leur pre-mière fraîcheur, en sortant des mains de l'artiste et le jour où les magistrats en firent la dédicace et les consacrèrent aux dieux pro-tecteures de l'Attique“; hier zitiert nach Cuisset a. a. O., S. 235f.

[16] Zu den Korkmodellen des 18. und frühen 19. Jahrhunderts siehe: Werner Helmberger und Valentin Kockel (Hrsg.), Rom über die Alpen tragen: Fürsten sammeln antike Architektur; Die Aschaffen-burger Korkmodelle, Landshut 1993.

[17] F. Carey Howlett, Thomas Jefferson's Model fort the Capitol of Virginia, in: Virginia Cavalcade. The quarterly illustrated magazi-ne of Virginia history and culture, Winter 2002, S. 4–15.

[18] Heribert Sutter, „ ... die wohlfeilsten und dauerhaftesten Farbematerialien ...“, in: Daidalos, 51, 1994, S. 130–133.

[19] Christian Ludwig Stieglitz, Enzyklopädie der bürgerlichen Baukunst, 4 Bde. Leipzig 1792–1798, Bd. II, S. 82–87; vgl. Heinz Wolff, Hinweise zur Farbgebung von Außenarchitekturen zwischen 1750 und 1850, in: Niedersächsische Denkmalpflege, 5, 1965, S. 83–87.

[20] Tilmann Buddensieg, Macht das Tor weiß, in: Bauwelt Berlin Annual 1996, Basel 1997, S. 134f.

[21] Friedrich Christian Schmidt, Der bürgerliche Baumeister oder Versuch eines Unterrichts für Baulustige, 4 Text- und 4 Tafel-bände, Gotha 1790–1799, zitiert nach Urs Boek, Von der Farbe oder dem äußerlichen Anstrich der Häuser, Gotha 1790, in: Deutsche Kunst und Denkmalpflege, 29, 1971, S. 35–39.

[22] Stephen Wren (Hrsg.), Parentalia, London 1750, S. 261; hier zitiert nach Katharina Krause, Wie beschreibt man Architektur? Das Fräulein von Scudery spaziert durch Versailles, Freiburg 2002, S. 96.

[23] Boeck, Von der Farbe, a. a. O. 1971(mit der Farbtafel Schmidts); Christoph Gerlach, „Nichts weniger als gleichgültig ist die Farbe oder der äußerliche Anstrich der Gebäude“: Neues zu Friedrich Christian Schmidts Farbentwürfen von 1790, in: Koldewey-Gesellschaft, Bericht über die 38. Tagung für Ausgrabungswissen-schaft und Bauforschung, 1994 (1996), S. 77–85.

[24] Eckart Hannmann, Aspekte der Farbigkeit in der Architek-tur des 19. Jahrhunderts, in: Denkmalpflege in Baden-Württemberg, 8, 1979, Heft 3, S. 108–114, hier S. 110

[25] Neue allgemeine deutsche Bibliothek, Bd. 39,1, 1798, S. 51f.

[26] Heinrich Karl Riedel, Sammlung architektonischer äusserer und innerer Verzierungen für angehende Baumeister und Liebhaber der Baukunst, 8 Hefte, Berlin 1803–1810, Heft V, Taf. II; Abbildung in: Winfried Nerdinger, Klaus Jan Philipp und Hans-Peter Schwarz, Revolutionsarchitektur: Ein Aspekt der europäischen Architektur um 1800, München 1990, S. 109; Kat. Nr. 18; auch David Gilly plä-diert in seinem „Handbuch der Landbaukunst“ (Berlin 1797, S. 167) für eine beruhigte Farbigkeit und bemerkt, dass „wenn mehrerer Farben gegeneinander gesetzt werden sollen, ... darauf zu sehen [ist], welche zusammen passen oder welchen Effekt sie erregen.“

[27] Friedrich Weinbrenner, Architektonisches Lehrbuch, Theil I, Tübingen 1810, § 46. Vgl. Wolfgang E. Stopfel, Quellen und Quere-len: Zur Architekturfarbe der Weinbrennerzeit, in: Von Farbe und Farben, Albert Knöpfli zum 70. Geburtstag, Zürich 1980 (Veröffent-lichungen des Instituts für Denkmalpflege an der Eidgenössischen Technischen Hochschule Zürich ; 4), S. 165–170.

[28] Andreas Haus, Architektonische Schatten, in: Archithese, 27, 1997, Heft 1, S. 4–11, hier S. 8f.

[29] Zitiert nach Heribert Sutter, „ ... die wohlfeilsten und dauerhaftesten Farbematerialien ...“, in: Daidalos, 51, 1994, S. 130–133, hier S. 132.

[30] Karl Friedrich Schinkel, Goldene Worte, in: Johann Claudius von Lassaulx, Bausteine der Versammlung Deutscher Architekten in Mainz vom 26. bis 29. August 1847 zum Willkommen, Coblenz 1847, S. 15.

[31] „Muster Farben für den aeußeren Anstrich der Haeuser in der Brienner Straße u. am Odeonsplatz“.

[32] Uli Walter, Steingrau oder ockergelb? Zur Farbgeschichte der Münchner Ludwigstraße, in: Jahrbuch der bayrischen Denkmal-pflege, 47/48, 1993/1994 (2001), S. 187–193, hier S. 190; es handelt sich um folgenden Farben: warmes Graurosa, helles warmes Ocker-gelb, kühles Steingrau, helles Violettgrau, helles Grüngrau, helles warmes Gelbgrau, Grüngrau und kühles Violettgrau.

[33] Walter, Steingrau, a .a. O., S. 190.

[34] Robin Middelton, Farbe und Bekleidung im neunzehnten Jahrhundert, in: Daidalos, 51, 1994, S. 78–89.

[35] Hannmann, Aspekte, a.a.O. S. 111

[36] Walter, Steingrau, a. a. O. S. 193, Anm. 17.

[37] Ebenda, S. 190.

[38] John Ruskin, Die sieben Leuchter der Baukunst, hrsg. und mit einem Nachwort versehen von Wolfgang Kemp, Dortmund 1994 (1. engl. Auflage: The seven lamps of architecture, 1849; erste deutsche Ausgabe 1900 auf Grundlage der dritten engl. Auflage von 1880), S. 95f.

[39] Zitiert nach Wolfgang Brönner, Farbige Architektur und Architekturdekoration des Historismus, in: Deutsche Kunst und Denkmalpflege, 36, 1978, Heft 1/2, S. 57–65, hier S. 61

[40] Ebenda, S. 59.

[41] Ebenda, S. 60.

[42] Quelle: http://www.scheerbart.de/ps_0plastik.htm (23.7.2002)

[43] Johann Gottfried Gruber, Wörterbuch zum Behuf der Aesthetik, der schönen Künste, der Theorie und Geschichte, Weimar 1810, S. 234.

[44] Weinbrenner, Architektonisches Lehrbuch, a. a. O., 1810, Theil 1, S. 5.

[45] Ebenda, Theil 3, S. 79.

[46] Franz Kugler, Ueber die Polychromie der griechischen Architektur und Sculptur und ihre Grenzen, mit einer farbigen Lithographie, Berlin, 1835, S. 1.

[47] Semper, Vorläufige Bemerkungen, a. a. O., S. 239.

[48] Noch in seinem Hauptwerk „Der Stil in den technischen und tektonischen Künsten oder praktische Ästhetik" (Bd. 1, Frankfurt am Main 1860) geht Semper (S. 480–490 der 2. Auflage von 1878) auf den Polychromiestreit und vor allem auf Kugler ein; an dieser Stelle (S. 489) druckt er einen allgemein gehaltenen Brief von Karl Friedrich Schinkel von 1834 ab, in dem ihn der Berliner Architekt auffordert, weiter an dem wichtigen Gegenstand zu arbeiten.

[49] Vor allem in seinem Werk: Restitution du Temple d'Empédocle à Sélinunte ou l'Architecture polychrome chez les Grècs, Text und Tafelband, Paris 1851.

[50] Franz Kugler, Kleine Schriften und Studien zur Kunstgeschichte, Erster Theil, Stuttgart 1853, S. 353 (die Kritik an Hittorff und an Sempers „Vier Elementen" erschien zuerst im Deutschen Kunstblatt, 1852, Nr. 15f.); Kugler bezieht sich auf Hittorffs Farbfassung der ionischen Kapitele des Erechteions auf der Akropolis in Athen.

[51] Kugler, Polychromie, a. a. O. , 1835, S. 75.

[52] Semper, Vorläufige Bemerkungen, a. a. O., 239.

[53] Heidrun Laudel, Gottfried Semper: Architektur und Stil, Dresden 1991, S. 72; zu folgendem vgl. ebenda S. 64ff.

[54] Semper, Vorläufige Bemerkungen, a. a. O., S. 251, Anm. *).

[55] Eugène Emanuel Viollet-le-Duc, Entretiens sur l'architecture, Paris 1863, Bd.1, S. 251.

[56] Semper, Vorläufige Bemerkungen, a. a. O., S. 232.

[57] Ebenda, S. 233.

[58] Ebenda.

[59] Ebenda, S. 229.

[60] James S. Ackerman, The Architecture of Michelangelo, 2 Bde. London 1961, Bd. 1, S. 33ff.; Rupert Feuchtmüller, Die Farbe in Räumen des österreichischen Spätbarock, in: Von Farbe und Farben, Festschrift Knoepfli, S. 247–250.

[61] Gottfried Semper, Die vier Elemente der Baukunst: Ein Beitrag zur vergleichenden Baukunde, Braunschweig 1851, Nachdruck in: Heinz Quitzsch, Gottfried Semper – Praktische Ästhetik und politischer Kampf, Braunschweig 1981 (Bauwelt Fundamente; Bd. 58), S. 119–228.

[62] Semper, Vier Elemente, a. a. O., S. 102. Starkfarbige Bauten wie das ägyptisierende Thorvaldsen-Museum in Kopenhagen, 1839–1847 von M. Gottlieb Birkner Bindesbøll, blieben Semper entweder unbekannt oder er hat sie nicht beachtet.

[63] Heinrich Magirius, Die Farbe in Gottfried Sempers zweitem Dresdner Hoftheater, 1871–1878, in: Von Farbe und Farben, a. a. O., 1980, S. 343–358, hier 354.

[64] Hanno-Walter Kruft, Geschichte der Architekturtheorie von der Antike bis zur Gegenwart, München 1985, S. 356.

[65] Walter, Steingrau a. a. O. , S. 191.

[66] Semper, Vorläufige Bemerkungen, a. a. O., S. 216; gemint ist das auf die auf einem Quadratraster aufgebaute Baulehre Durands in seinen „Précis des leçons d'architecture" (Paris 1802).

[67] Viollet-le-Duc, Entretiens sur l'architecture, II, 1872, S. 336 zu Tf. XXXVI.

[68] Robin Middelton, Farbe und Bekleidung im neunzehnten Jahrhundert, in: Daidalos, 51, 1994, S. 78–89, hier S. 88.

[69] Carl Gottlieb Wilhelm Böttiger, Das Prinzip des Hellenischen und Germanischen Bauweise hinsichtlich der Übertragung in die Bauweise unserer Tage, in: Festreden Schinkel zu Ehren, ausgewählt und eingeleitet von Julius Posener, hrsg. v. Architekten- und Ingenieurverein zu Berlin (AIV), Berlin o. J. (1981), S. 27.

[70] August Schmarsow, Das Wesen der architektonischen Schöpfung. Antrittsvorlesung gehalten in der Aula der K. Universität Leipzig am 8. November 1893, Leipzig 1894.

[71] Jürgen Michler, Zur Farbfassung der Marburger Schlosskapelle: Raumfarbigkeit als Quelle zur Geschichte von Kunst und Denkmalpflege, in: Deutsche Kunst und Denkmalpflege, 36, 1978, Heft 1/2, S, 37–52.

[72] Jürgen Michler, Über die Farbfassung hochgotischer Sakralräume, in: Wallraf-Richartz-Jahrbuch, 39, 1977, S. 29–64, hier S. 30.

[73] Michler, Marburger Schlosskapelle, a.a.O., S. 38.

[74] Walter Haas, Die Raumfarbigkeit des Bamberger Domes, in: Deutsche Kunst und Denkmalpflege, 36, 1978, Heft 1/2, S. 21–36.

[75] Zitiert nach Michler, Marburger Schlosskapelle, a. a. O., S. 46.

[76] Hermann Phleps, Die farbige Architektur bei den Römern und im Mittelalter, Berlin 1930.

[77] Aufruf zum farbigen Bauen, in: Bauwelt, 1919, Heft 38, 18. September 1919.

[78] Fritz Schuhmacher, Farbige Architektur, in: Der Kunstwart, 14, 1901, Heft 20 (Auszug in Düttmann/Schmuck/Uhl, 1980, S. 10–11).

[79] Bruno Taut, Wiedergeburt der Farbe, in: Farbe am Hause. Erster deutscher Farbentag Hamburg, Berlin 1925 (Auszug in Düttmann/Schmuck/Uhl, a. a. O., 1980, S. 14–15).

[80] Rainer Weck, De Stijl, Bauhaus, Taut: Zur Rolle der Farbe im Neuen Bauen, in: Kunstforum International, 57, 1983, S. 60–74.

[81] Adolf Loos, Die Baumaterialien (28. August 1898), in: ders., Sämtliche Schriften, hrsg. v. Franz Glück, Wien/München 1962., Bd. 1, S. 101.

[82] Adolf Loos zum Haus auf dem Michaelerplatz (1910), a.a.O., S. 298f.

[83] Meier-Obrist, in: Die farbige Stadt, Heft 6, 1931, S. 73; zitiert nach Bollerey/Hartmann a. a. O., 1980, S. 25.

[84] Henry-Russell Hitchcock und Philip Johnson, Der Internationale Stil 1932, Braunschweig 1985 (erstmals 1932 u. d. T. The International Style: Architecture since 1922 erscheinen), S. 66f.

[85] Ebdenda, S. 67.

[86] Karin Kirsch, Die Weissenhofsiedlung, Stuttgart 1987, S. 127 und 129 Alfred Roth fasste 1927 die Farbwahl wie folgt zusammen: „Le Corbusier hat zum Grundakkord der farbigen Gestaltung beider Häuser Umbra, Dunkelgrau, roten Ocker, Hellgrau, Rosa und lichtes Blau gewählt. Damit ist in Verbindung mit Weiß die farbige Stimmung festgelegt."

[87] Karin Kirsch, Die Weissenhofsiedlung, Stuttgart 1987, S. 161.

[88] Ebenda, S. 147.

[89] Vgl. Arthur Rüegg, Farbkonzepte und Farbskalen in der Moderne, in: Daidalos, 51, 1994, S. 66–77. Vgl. einen Brief Tauts an die „Gläserne Kette" von 1920 (Iain Boyd Whyte und Romana Schneider (Hrsg.) Die Gläserne Kette, Ostfildern-Ruit 1996. S. 84f.)

[90] Helge Pitz und Winfried Brenne, Die Farbe im Stadtbild der zwanziger Jahre: Am Beispiel der Einfamilien-Reihenhaussiedlung Onkel Tom in Berlin Zehlendorf von Bruno Taut aus dem Jahr 1929, in: Deutsche Kunst und Denkmalpflege, 36, 1978, Heft 1/2, S. 95–105, hier S. 103f.

[91] Bollerey/Hartmann, a. a. O., S. 27.

[92] Mit Abbildungen: Regina Prinz, Bruno Taut als Stadtbaurat in Magdeburg 1921 bis 1923, in: Winfried Nerdinger u.a. (Hrsg), Bruno Taut, 1880–1938: Architekt zwischen Tradition und Avantgarde, Stuttgart 2001, S. 114–136.

[93] Zitiert nach Bollerey/Hartmann, a. a. O., 1980, S. 23.

[94] So Bernhard Rupprecht, Architektur und Farbe, in: Deutsche Kunst und Denkmalpflege, 36, 1978, Heft 1/2, S. 2–6; Rupprecht hatte die Sektion „Architektur und Farbe" auf dem XVI. Deutschen Kunsthistorikertag in Düsseldorf 1978 geleitet.

[95] Eckart Hannmann, Aspekte der Farbigkeit in der Architektur des 19. Jahrhunderts, in: Denkmalpflege in Baden-Württemberg, 8, 1979, Heft 3, S. 108–114; vgl. Hiltrud Kier, Wie bunt waren die Kölner Fassaden der Gründerzeit?, in: Von Farbe und Farben, a. a. O. 1980, S. 171–173.

[96] Kent C. Bloomer und Charles W. Moore, Architektur für den „Einprägsamen Ort", Stuttgart 1980, S. 146.

[97] Heft „Farbe und Architektur", Kunstforum, Bd. 57, Januar 1983; Editorial von Rainer Wick, S. 5.

[98] Ulrich Conrads, Architektur: verfarbigt, in: Daidalos, 51, 1994, S. 116–119, hier S. 118f. gemeint sind hier vor allem die Arbeiten von Friedrich Ernst von Garnier; vgl. F. E. v. Garnier, Meine farbige Welt: Ein ganz sachlicher Sachbeitrag ... aber was ist die Sache?, Bad Kreuznach 1996, vgl. Armin Scharf, Farbe in der Architektur: Gestaltungskriterien und Beispiele für den Wohnungsbau, Stuttgart 2002.

[99] Werbung von F. E. von Garnier in Kunstforum, Bd. 57, Januar 1983.

[100] Christian Kandzia, in: Über das Farbliche, mit Beiträgen von Otl Aicher, Günter Behnisch u. a., Stuttgart 1993, S. 47.

[101] Günter Behnisch, in: Über das Farbliche, 1993, S. 11 und 13

∧ **Theodor Veil,** Katholisch-apostolische Kapelle,
Ulm, 1907 (Ulm, Katholisch-apostolische Gemeinde,
Foto Max Stemshorn, Ulm)

Das weiße Quadrat –
Peter Behrens und Ulm

Max Stemshorn

Max Stemshorn

Das weiße Quadrat – Peter Behrens und Ulm

Am 25. Oktober 1906 ging die Katholisch-apostolische Gemeinde in Ulm auf den bekannten Münchner Architekten Friedrich von Thiersch mit der Bitte zu, Pläne für den Neubau einer Kapelle in Ulm auszuarbeiten. Thiersch, obwohl mit repräsentativen Großprojekten geradezu überhäuft, sagte zu, kündigte aber an, den Entwurf nicht vor dem 7. Dezember 1906 fertig stellen zu können. Mitte Dezember übermittelte er die Nachricht, er könne die Pläne nicht fertigen und schlug vor, seinen Bruder August, Professor an der Technischen Universität München und unter anderem Autor einer seinerzeit vielbeachteten Architektur-Proportionslehre, zu beauftragen. Auch August Thiersch sagte ab, weshalb Friedrich von Thiersch seinen Neffen Theodor Veil ins Gespräch brachte.[1] Veil fertigte innerhalb von drei Wochen einen Entwurf an, der, nochmals überarbeitet, Grundlage der Ausführung wurde. Im Frühjahr 1907 wurde mit dem Bau begonnen. Die weitere Bauphase war allerdings von Auseinandersetzungen wegen der Einhaltung von Grenzabständen, Baulinien und des Nachweises statischer Berechnungen gekennzeichnet, die schließlich sogar die Einschaltung des königlich-württembergischen Staatsministeriums des Inneren erforderten.

Die bis auf die Nennung des Namens Friedrich von Thiersch aller größeren Bedeutung unverdächtige Entstehungsgeschichte, die schlichten Baugesuchspläne sowie das bescheidene Äußere der Kapelle lassen auf den ersten Blick nicht erkennen, welche Qualitä-

ten dem Bau innewohnen. 1991 wurde die der Öffentlichkeit nur selten zugängliche Kapelle einer grundlegenden Sanierung unterzogen. Unter der weißen Tünche des Innenraums wurden dabei Spuren einer auf linearen und geometrischen Formbildungen fußenden Dekorationsmalerei gefunden. Auf Basis der Befunde und alter Schwarzweißfotos konnte das Interieur wiederhergestellt werden.

Die Architektur der Katholisch-apostolischen Kapelle in Ulm

Der rechteckige tonnengewölbte Saalraum der Kapelle öffnet sich an der nördlichen Stirnseite zu einem ebenfalls mit einer Rabitztonne überwölbten Chorraum, der in einer durch drei Okuli erleuchteten Apsis endet. Je fünf vierkantige Pfeiler mit gefasten Ecken tragen die Lasten der Längswände, deren Füllmauern im Sockelgeschoss etwas nach außen verschoben sind. Zwischen den Pfeilern entstanden derart die Wände belebende nischenartige Vertiefungen, über denen jeweils weitere Okuli angeordnet sind. Eine durch eine weitere Pfeilerstellung unterstützte Orgelempore überdeckt den Eingangsbereich, dem eine schmale eingeschossige Vorzone vorgeschaltet ist. Zwei Pfeilerpaare markieren links und rechts des Choransatzes den Übergang vom Kirchenschiff zum Chorraum. Im Raum zwischen der Flucht der Längswände des Kirchenschiffs und dem Chor, dessen Längswände im Sockelgeschoss übrigens ebenfalls durch eine nischenartige Vertiefung akzentuiert sind, liegen Kellerabgang und Sakristei, die wiederum markant vor die oben genannte Flucht hervortritt.

Die Dekorationsmalerei konzentriert sich im Wesentlichen auf die Sockelzone unterhalb der von den aufsteigenden Wänden

∧ **Postkarte zum Neubau der Katholisch-apostolischen Kapelle in Ulm,** 1907 (Ulm, Katholisch-apostolische Gemeinde)

nicht abgesetzten Rabitztonne. Die Putzflächen der Pfeiler werden durch einen umlaufenden Strich gerahmt, die Fasen dazwischen füllt ein geometrischer Mäander. Über den blockhaft flachen, eine ionische Ordnung lediglich andeutenden Pfeilerkapitellen aus dunkelgrünem Stein verläuft ein auf den Putz aufgemaltes breites Band aus dunkel gerahmten, oben und unten von Begleitstrichen und Ornamentbändern gefassten weißen Quadraten,[2] deren Mitte jeweils eine quadratische Intarsie markiert. Vom Quadrat abgeleitete Ornamentbänder, wie die übrigen Linien und Ornamente in pastosen Farben gehalten, definieren an den Stirnseiten des Schiffs den Übergang von Stirnwand zu Tonnengewölbe beziehungsweise Chorbogen und Orgelnische. Die Seitenwangen des Kirchengestühls, wie das übrige Mobiliar sorgfältig gearbeitet, enden in eleganten gräzisierenden Voluten. Ein vielfach eingesetztes Ziermotiv stellt ein in zahlreichen Varianten modifiziertes Quadrat mit einbeschriebenem Kreis dar. Es fand Verwendung bei den Möbeln wie bei den Intarsien des über den Pfeilern verlaufenden Quadratbandes.

Das Äußere der Kapelle ist im Gegensatz zu dem delikaten Innenraum sehr schlicht gehalten. Deutlich setzt sich das hochaufragende Kirchenschiff, an den Firstenden des Satteldachs von kleinen gemauerten Aufsätzen bekrönt, von den niedrigeren Anbauten ab. Belebung erhält der in einem warmen Hellgrau verputzte Bau durch die Pfeilerreihe der Längswände, die sich im Sockelgeschoss aufgrund der nach außen gerückten Füllwände als Pilaster, darüber vollplastisch abzeichnen. Das Quadrat-Kreis-Motiv nahm Veil außen bei den mittig durch Okuli akzentuierten quadratischen Wandfeldern zwischen den Pfeilern des Obergeschosses auf.

Aus Sicht der Anfang der neunziger Jahre des 20. Jahrhunderts eingeschalteten Denkmalpflege ist die Innenausstattung „ganz dem Jugendstil verhaftet", einem Jugendstil, der „sich von der Wiener Sezession um Josef Hoffmann herleitet". Die „graphisch sehr strenge, stets vom Quadrat abgeleitete ... Ausmalung" sei insbesondere auch in ihrer Farbigkeit der Wiener Sezession zuzurechnen.[3] Die bis auf die gliedernden Linien und Ornamentbänder weißen Wandflächen sind für einen um 1905 entstandenen Bau bemerkenswert. Zu dieser Zeit war in der Architektur eine dezidierte Polychromie noch allgemein verbreitet, wie beispielsweise an der wenige Meter östlich der Kapelle stehenden ehemals katholischen Garnisonskirche zu sehen ist. Der saalartige Innenraum dieses kurz zuvor, zwischen 1902 und 1904 errichteten, neogotischen Baus ist in einer starken, dunklen, jedoch fein abgestimmten Farbigkeit gehalten. Vor diesem Hintergrund mutet der weiße schlichte Innenraum der Kapelle geradezu kühn an.

Es ist durchaus denkbar, dass sich Theodor Veil bei dem Entwurf mit den Wiener Sezessionisten auseinandergesetzt hatte. Vielleicht hatte ihn die für damalige Augen revolutionäre Innenausstattung von Adolf Loos' Café Museum in Wien von 1899, damals „ein kalter weißer Stoß ins Herz des Jugendstils"[4] beeinflusst. Mehr noch könnte Josef Hoffmann mit seinem zwischen 1904 und 1906 entstandenen Sanatorium in Purkersdorf, das in der Reduktion auf kubische Grundformen, in der Klarheit des Grundrisses sowie im weitgehenden Verzicht auf das Ornament in Verbindung mit dem hygienischen Weiß der Wände und Möbel der Moderne weit vorausgriff, Anregungen geliefert haben. Josef

Hoffmann hatte hier wie auch im kunstgewerblichen Bereich – er hatte 1903 die Wiener Werkstätte gegründet – mit dem Quadrat als Grundmotiv gearbeitet. Darauf aufbauend entwickelte er zusammen mit Kolo Moser um 1904/05 unter Bevorzugung von Schwarz und Weiß Interieurs und Einrichtungsobjekte, die zu den radikalsten Beiträgen der Wiener Vormoderne gehören.

Wenn auch die Verwendung des Quadrats als bestimmendes Grundmotiv und vor allem das Weiß des Innenraums der Kapelle nach Wien weisen, so ist damit die charakteristische Art der Verwendung des Quadratmotivs noch nicht erklärt. Gerade das eine Gebälkzone über den Pfeilern simulierende Band aus weißen, mit dunklem Strich umrandeten Quadratfeldern, deren Mitte jeweils punktartig akzentuiert ist, weisen über Josef Hoffmann oder Kolo Moser hinaus. Ähnliches gilt für ein in der geometrischen Ornamentik dieses Kirchenbaus immer wiederkehrendes Dekorationsmotiv eines in ein Quadrat einbeschriebenen Kreises. Zwar hat auch Hoffmann über die Addition von Quadraten hinaus am Rande mit diesem Motiv gearbeitet, doch lange nicht in der Konsequenz und Durchgängigkeit, wie es in der Innenausstattung der Ulmer Kapelle zutage tritt.

Es ist natürlich denkbar, dass Theodor Veil diese charakteristischen Motive unter Anknüpfung an die Arbeiten Josef Hoffmanns selbst entwickelte. Möglicherweise hatte er aber auch andere Einflüsse aufgegriffen. So arbeitete Peter Behrens seit etwa 1904 mit diesem Motiv, dass er vermutlich von dem Niederländer J. L. M. Lauweriks übernommen hatte, und dass zu einem Erkennungsmerkmal von Behrens Architektur werden sollte.

Peter Behrens und die Proportionen in der Architektur

Behrens war Anfang 1903 vom preußischen Handelsministerium nach Düsseldorf als Direktor der Kunstgewerbeschule berufen worden. Zuvor hatte er sich als Grafiker und Entwerfer von Kunsthandwerk sowie durch die Errichtung seines vielbeachteten Hauses in der Künstlerkolonie auf der Mathildenhöhe in Darmstadt einen Namen gemacht. Dem in Formen eines „geläuterten" Jugendstils gehaltenen Haus in Darmstadt folgten weitere Interieurs und Ausstellungspavillons mit von ihm ebenfalls konzipierten Gartenanlagen.[5] Die schon in Darmstadt zu beobachtende Tendenz einer Reduktion auf stereometrische Grundformen – hier waren es Würfel und Pyramide – verstärkte sich in den folgenden Jahren. Die Ausstellungsarchitekturen boten ihm ein gutes Experimentierfeld, neue künstlerische und architektonische Ansätze zu verifizieren, ohne zu sehr mit technischen Fragen – Peter Behrens war in architektonischen Dingen Autodidakt – konfrontiert zu werden.

Die den Grundrissen und Gartenanlagen zugrunde liegenden geometrischen Grundformen – hier spielte vor allem das Quadrat eine herausragende Rolle – übertrug Behrens in weiß gestrichene Lattenarchitekturen, die in den Gärten als Rankgerüst und Laubengang dienten und gleichzeitig die Anlagen räumlich strukturierten und architektonisch fassten. Das betonte, ja fast grelle Weiß dieser Lattenarchitekturen setzte sich auf der Gartenbau- und Kunstausstellung Düsseldorf von 1904, wo Behrens die Errichtung eines Restaurant-Pavillons übertragen wurde, nicht nur im festen und beweglichen Gartenmobiliar fort, sondern bestimmte ganz wesentlich auch die Erscheinung des Pavillons und dessen Interi-

∧ **Theodor Veil,** Katholisch-apostolische Kapelle, Ulm, 1907 (Ulm, Katholisch-apostolische Gemeinde; Foto I. Schmatz, Ulm)

< **Theodor Veil,** Katholisch-apostolische Kapelle, Ulm, Inneres nach Westen, 1907 (Ulm, Katholisch-apostolische Gemeinde; Foto I. Schmatz, Ulm)

eur. Während sich außen die den Pavillon strukturierende weiße Holzkonstruktion gegen den grauen Fond des flächenfüllenden Rauputzes abhob, gliederten im Speisesaal weiße Holzleisten die farbige Wandbespannung. Ein prägnantes Weiß kennzeichnete auch das durch schwarze Elemente akzentuierte, ansonsten völlig weiß gehaltene Mobiliar.[6] Die flächig-lineare Wandbehandlung, die Bevorzugung des Quadrates sowie das Schwarz und Weiß, das unter anderem den schachbrettartigen Fußboden prägte – all das atmete den Geist Josef Hoffmanns, den Behrens 1903 neben anderen Vertretern künstlerisch fortschrittlicher Kräfte anlässlich einer Dienstreise nach Wien[7] besucht hatte. Zwar war Behrens mit den bemerkenswerten künstlerischen Entwicklungen in Wien unter anderem durch seine Zusammenarbeit mit Joseph Maria Olbrich anlässlich der Errichtung der Künstlerkolonie auf der Mathildenhöhe in Darmstadt einigermaßen vertraut, doch erst diese Begegnung gab den entscheidenden Impuls, der sich in den Folgejahren in Behrens' konsequenter Hinwendung zur Geometrie niederschlagen sollte.

Peter Behrens beschränkte sich allerdings nicht mit einer formalen Übernahme oder oberflächlichen Verarbeitung des in Wien Gesehenen. So beschäftigte er sich intensiv mit den oben erwähnten Proportionsstudien von August Thiersch im Handbuch der Architektur, das 1904 in einer 3. Auflage neu herausgekommen war, sowie mit den Theoretikern der Renaissance, allen voran Leon Battista Alberti.[8]

Im Hinblick auf die Proportionierung von Bauten hatte Alberti in seinem um 1450 entstandenen, zehn Bücher umfassendem Werk „De re aedificatoria" Vorstellungen Vitruvs[9] aufgegriffen,

wonach Schönheit eine Harmonie aller Teile sei, die in solchen Proportionen miteinander verbunden seien, dass nichts hinzugefügt oder weggenommen werden könne, ohne dass das Ganze darunter leide. Die Proportionsverhältnisse entsprechen dabei idealerweise musikalischen Intervallen wie 1:2, 2:3 und 3:4.[10]

Diese Vorstellungen schlugen sich auch in Behrens' Lehrkonzept für die Kunstgewerbeschule Düsseldorf nieder. „Es werden die in aller echten Kunst lebendigen Gesetze der Maß- und Formenharmonie von Ganzen und Teilen, wie sie im griechischen Tempel, in der Gotik und Renaissance nachzuweisen sind, dem Gestalten zugrunde gelegt. Beim Innenraum hat der Schüler einfache, klar erfaßbare, in der Art musikalischer Verhältnisse abgestimmte Maße für die Raumdimension anzunehmen. Diese Maße der Raumform werden in kleinere Teile zerlegt und diese als Maße für die Möbel angenommen, die dadurch in klarer Beziehung zum Raum treten. Die Unterteilung der Möbel bis in alle Einzelheiten geschieht wiederum von diesen Hauptmaßen aus. So entsteht Übereinstimmung der Teile mit dem Ganzen und der Teile untereinander, eine allgemeine Harmonie der Verhältnisse. Auch für Grundriss und Aufriss sowie bei der Einordnung von Gebäuden und Monumenten in eine Gartenanlage wird dieselbe Methode befolgt."[11]

So nah diese Ausführungen auch Alberti sind, so wenig blieb Behrens bei dessen Anschauungen stehen. Während die Frührenaissance zunächst von ganzzahligen Proportionsverhältnissen ausging, arbeitete Behrens auch mit irrationalen Zahlenverhältnissen. Eine besondere Rolle spielte dabei die Beziehung von Quadratseite zur Quadratdiagonalen, die sich im Verhältnis eins zu Wurzel

∨ **Peter Behrens**, Haus Behrens auf der Mathildenhöhe, Darmstadt, 1900/01 (F. Hoeber, Peter Behrens, 1913)

∨ **Peter Behrens**, Restaurantpavillon auf der Gartenbau- und Kunstausstellung Düsseldorf, 1904 (F. Hoeber, Peter Behrens, 1913)

∧ **Peter Behrens**, Kunstgarten mit Lattenpergolen auf der Nordwestdeutschen Kunstausstellung Oldenburg, 1905 (F. Hoeber, Peter Behrens, 1913)

∧ **Peter Behrens,** Kunsthalle auf der Nordwestdeutschen
Kunstausstellung Oldenburg, 1905 (F. Hoeber,
Peter Behrens, 1913)

∧ **Peter Behrens,** Speisesaal im Restaurationspavillon
auf der Gartenbau- und Kunstausstellung Düsseldorf,
1904 (F. Hoeber, Peter Behrens, 1913)

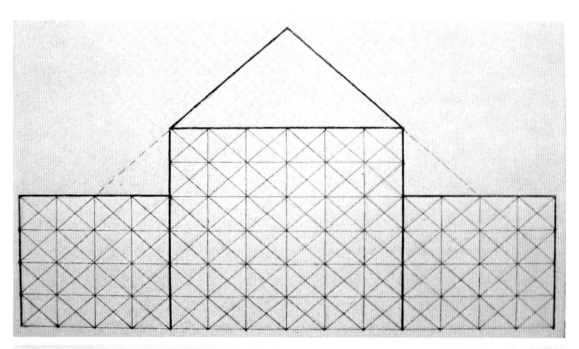

⌃⌃ **Proportionsschema der Fassade der Kunsthalle**
auf der Nordwestdeutschen Kunstausstellung
Oldenburg (F. Hoeber, Peter Behrens, 1913)

⌃ **Peter Behrens,** Kunsthalle auf der Nordwestdeutschen
Kunstausstellung Oldenburg, 1905 (F. Hoeber,
Peter Behrens, 1913)

zwei verhält und geometrisch in dem bereits zitierten Kreis-Quadrat-Motiv darstellbar ist.[12] Auch sich kreuzende Scharen von Diagonalparallelen nutzte Behrens zur Gliederung seiner Entwürfe[13], so beispielsweise beim Aufriss der Kunsthalle auf der Nordwestdeutschen Kunstausstellung in Oldenburg von 1905, die einen Höhepunkt der geometrisierenden Tendenzen im Werk von Peter Behrens darstellt.[14] Die auf quadratischem Grundriss aus einzelnen Kuben[15] zusammengefügte Kunsthalle wurde an einem quadratischen Platz errichtet, in dessen Mitte sich ein aus acht wuchtigen vierkantigen Pfeilern bestehender, mit einer Halbkugel überdeckter Musikpavillon erhob. Dessen architektonische Erscheinung schlug den Grundakkord der Anlage und darüber hinaus Behrens' Auffassung dieser Jahre an: Die Reduktion auf einfache stereometrische Volumen bei gleichzeitigem Verzicht auf Profilierung der Wand und dekorativ angewandte Farbigkeit. Alfred Lichtwark schrieb über Behrens: „Er geht auf Urformen zurück und will nur mit gestaltetem Raum wirken. Darin steht er im scharfen Gegensatz zu allen, die Architektur gelernt haben. An Formen braucht er kaum anderes als Kreis und Quadrat und deren Teile, höchstens in derselben Verwendungsform Ellipse und Rechteck, aber diese seltener. Säulen, Gebälke, Friese gibt es für ihn nicht."[16]

Farbvorstellungen der Frührenaissance

Wurde bei dem bereits angeführten Düsseldorfer Restaurant-Pavillon von 1904 der graue Putz durch das weiße Holzwerk strukturiert, so erreichte Behrens hier eine vergleichbare Differenzierung durch eine auf den silbergrauen Putz aufgemalte geometrische dunkelfarbige Liniendekoration, die die Wandfläche der Kunsthalle und der sie begleitenden Pavillons rhythmisierten und gleichzeitig die dem Bau zugrunde liegenden Proportionsverhältnisse visualisierten. In dieser Reduktion auf rein grafische Mittel dokumentiert sich ein bemerkenswerter Abstraktionsvorgang, der unter anderem auf Behrens' Beschäftigung mit Geometrie und Proportionen zurückzuführen ist. Diese Proportionsstudien waren für Behrens möglicherweise der Antrieb, den Sommerurlaub des Jahres 1904 in Oberitalien zu verbringen. Hier, insbesondere in Florenz, hatte er die Möglichkeit, die für die Meister der Frührenaissance verbindlichen Ideale Albertis in gebauter Form zu studieren. Behrens, ursprünglich Kunstmaler, wird neben den Proportionsverhältnissen auch der Rolle der Farbe in der Architektur der Renaissance besonderes Augenmerk geschenkt haben.

Bereits Plato und Cicero hatten das Weiß als die einem Tempel angemessene Farbe angesehen[17]. Dieser Auffassung folgte auch Alberti „Ich für meine Person bin vollkommen überzeugt, daß die Himmlischen an der Reinheit und Einfachheit der Farbe und des Lebens gleicherweise am meisten Gefallen finden, ..."[18] und beabsichtigte folgerichtig, bei der Fertigstellung des Chores der SS. Annunziata in Florenz trotz Widerständen den Chor weiß zu streichen und auf jedes Ornament zu verzichten.[19] Dem stand später Palladio in seiner Auffassung „Von allen Farben passt keine so gut zu den Tempeln wie das Weiß, da die Reinheit dieser Farbe und die Reinheit im menschlichen Leben im höchsten Maße Gott angemessen ist"[20] in nichts nach.

∧ **Santa Maria Novella,** Florenz
(AKG Images/Orsa Battaglini)
< **Santa Maria della Consolazione,**
Todi, ab 1508 (Foto Max Stemshorn)

Doch so vollendet die gemäß dieser Farbvorstellungen errichteten Bauten der Frührenaissance, deren struktives Gerüst aus dunklem Stein oder Putz sich von den weiß verputzten Wandflächen abhebt und damit die geometrischen Maßverhältnisse visualisiert, auch sein mögen[21]: In gebautem Zustand birgt das Ideal auch die Gefahr der Langeweile, der Seelenlosigkeit in sich. Von daher ist es nur zu verständlich, dass sich Behrens, wenn man sich seine anschließend entworfenen Bauten vergegenwärtigt, in Oberitalien nicht nur für die Architektur der Frührenaissance interessiert hatte. Sein Interesse galt auch den Bauten der toskanischen Protorenaissance, die für die Entwicklung der Frührenaissance selbst entscheidende Impulse geliefert hatten. Im Hinblick auf sein Anliegen, die traditionelle Ornamentik und Materialität der Oberflächen zugunsten einer abstrakten, sachlichen Aussage zu überwinden, wird er den antikisierenden Marmorinkrustationen dieser Bauten mit ihren durch dunkle Marmorbänder in geometrische Teilflächen untergliederte hellen Marmorflächen besonderes Augenmerk gewidmet haben.

Alberti selbst schuf eine Verbindung zwischen seinen Idealen und den Formen der Protorenaissance. Für die Fertigstellung der im Mittelalter begonnenen Marmorfassade von Santa Maria Novella in Florenz hatte er einen zwischen 1456 und 1470 realisierten Entwurf erarbeitet. Alberti bereicherte zunächst die bestehenden mittelalterlichen Marmorinkrustationen des Sockelgeschosses um ein neues Hauptportal, Pilaster, Halbsäulen und darüber ein verkröpftes Gesims. Über einem zwischen Sockel- und Obergeschoss vermittelnden schmalen Zwischengeschoss aus bandartig aneinandergereihten Quadratmotiven errichtete er in Anlehnung an die Fassade der romanischen Kirche San Miniato al Monte in Florenz eine dem höheren Mittelschiff vorgeblendete, an einen römischen Tempelportikus oder Triumphbogen erinnernde Giebelarchitektur.[22]

Albertis Fassade statuierte ein Exempel, wie auf die Farbvorstellungen der Frührenaissance eingegangen und wie die geometrischen Proportionsverhältnisse visualisiert werden konnten, ohne der Gefahr der Sterilität und Leblosigkeit zu erliegen. Schon der weiße Grundton des Marmors offeriert je nach Herkunft des Materials eine Vielzahl von Farbschattierungen, die von gelblichen bis zu silbergrauen und grauen Tönen reichen. Auch die mit dem weißen Marmor kontrastierenden dunklen Bänder der toskanischen Marmorfassaden kennzeichnet je nach Herkunft ein Grau unterschiedlicher Helligkeit, über farbig schattierte Grautöne bis hin zu Grün- und Rottönen.

Behrens' Rezeption der toskanischen Protorenaissance zwischen 1903 und 1907

Mit der aus dem Grau heraus entwickelten Farbpalette[23] der Oldenburger Ausstellungsbauten scheint sich Behrens an der Farbigkeit der toskanischen Marmorfassaden orientiert zu haben.[24] Dem zurückhaltenden Äußeren, silbergraue durch dunkle Bänderungen rhythmisierte Putzflächen, entsprach das sachliche und helle Interieur der Ausstellungsräume aus weitgehend ornamentlosen hellen Putzoberflächen, weiß gekalktem Holz sowie Bespannungen aus Nessel und Jute. Bei den Innenausstattungen des Linoleum- und des Zigarrenpavillons auf der Oldenburger Ausstellung

⌄ **Peter Behrens,** Zigarrenpavillon auf der
Nordwestdeutschen Kunstausstellung Oldenburg,
1905 (F. Hoeber, Peter Behrens, 1913)

⌄ **Peter Behrens,** Tonhaus auf der Deutschen
Kunstausstellung Köln, 1906 (F. Hoeber,
Peter Behrens, 1913)

∧ **San Miniato al Monte,** Florenz, Fassade 1060/70–1207
(AKG Images/Rabatti Domingie)

arbeitete er in Anlehnung an die im Jahr zuvor realisierte Innen-ausstattung des Restaurant-Pavillons mit weiß lackiertem Holz, das sich von dunkler gehaltenen, mehr oder weniger farbigen Hintergründen abhob.

Behrens scheint die Farbigkeit seiner damaligen Bauten auf die Gattung des Bauwerks abgestimmt zu haben. Analog der Auffassung Albertis und anderer Renaissancetheoretiker, wonach die Vorherrschaft des Weiß insbesondere Sakralräumen zukommt, verzichtete er in der Innenausstattung des 1905/06 in Saarbrücken errichteten Haus Obenauer auf die in Oldenburg geübte gestalte-rische Zurückhaltung und orientierte sich an der kräftigeren und materialbetonteren Polychromie seiner zwischen 1900 und 1904 entworfenen Interieurs.

Behrens sah im Künstler einen Kulturbringer. Die Kunst, sei es Architektur, bildende Kunst oder Musik, hatte vor diesem Hintergrund in gewissem Sinne sakralen Charakter. Insofern war es folgerichtig, nach der Kunsthalle in Oldenburg auch das Tonhaus auf der Deutschen Kunstausstellung in Köln 1906 als Sakralraum zu interpretieren. Mit dieser Auffassung konnte er hier nicht nur die Inkrustationen toskanischer Fassaden aufgreifen, sondern auch den an frühchristlichen Raumtypen orientierten Innenraum von San Miniato als solchem. Während außen lediglich bräunliche Linien die grauen Putzflächen des Tonhauses gliederten, setzte Behrens im Innenraum in Anlehnung an die intensive Farbigkeit des Apsismosaiks des Vorbilds stärkere Farbakzente. Die Kassetten-decke erhielt einen mit rotem Liniendekor belebten schwarzen Anstrich, die Emporen waren blau, gelb und schwarz gefasst.

Das 1905 entworfene und 1907 weitgehend fertiggestellte Krematorium in Hagen-Delstern, Behrens' erster „echter" Sakral-raum, steht den toskanischen Vorbildern naturgemäß am nächs-ten. Der Bau erhielt außen in Anlehnung an die toskanische Pro-torenaissance eine durch Bänder aus schwarzem belgischen Gra-nit in Quadrate, Rechtecke und Dreiecke untergliederte flächige weiße Marmorfassade, wogegen innen eine entsprechende Sgraffi-to-Oberfläche, realisiert wurde.[25] Ein Vorbild für die Übertragung von Marmorinkrustationen in Sgraffito-Technik bot dabei auch das Innere von San Miniato.[26]

Eine weitaus polychromere Farbigkeit realisierte Behrens 1906 bei den Ausstellungsbauten auf der Dritten Deutschen Kunst-gewerbeausstellung in Dresden.[27] Während die sogenannte Marmor-diele schon aufgrund der Verwendung unterschiedlicher Marmor-sorten eine polychrome Farbigkeit erhielt, entwickelte sich der Farbkanon des „sakralen" Musiksaals eher aus Weiß- und Grau-tönen. Blaue Linien untergliederten hier die Wandflächen in die charakteristischen geometrischen Felder. Zusätzliche Farbakzente lieferten das lichtgrüne Tonnengewölbe sowie das durch ein stren-ges Rautengitter strukturierte Gold der Stirnseite des Raumes.

Behrens und die Ulmer Kapelle

Und gerade dieser Musiksaal – hier beginnt sich der Kreis zu schließen – weist neben der Kölner Tonhalle bemerkenswerte Analogien zu Theodor Veils Kapelle auf. Dies betrifft alle Ebenen des Entwurfes. Zunächst hatte auch in Ulm das Quadrat sowie die traditionellen Proportionsverhältnisse 1:2 und 2:3 bei der Dimen-

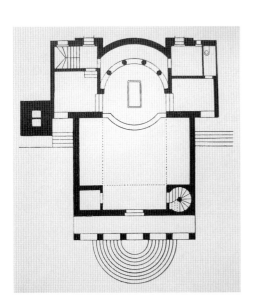

∧ **Peter Behrens,** Krematorium
Hagen-Delstern, Grundriss 1906/07
(F. Hoeber, Peter Behrens, 1913)

> **Peter Behrens,** Tonhaus auf der Deutschen
> Kunstausstellung in Köln, 1906 (F. Hoeber,
> Peter Behrens, 1913)

∨ **Peter Behrens,** Krematorium Hagen-Delstern
  mit Marmorfassade, 1906/07 (F. Hoeber,
  Peter Behrens, 1913)

sionierung von Grundriss und Aufriss eine wesentliche Rolle gespielt. Während Raumtypus, Dimensionen sowie der zweigeschossige Wandaufbau der Kapelle auf die Tonhalle verweisen, sind bei der Innendekoration vor allem Bezüge zu dem Musiksaal sichtbar. Dies betrifft Abmessung und Durchbildung der vierkantigen Wandpfeiler und des Rabitz-Tonnengewölbes, sowie Art und Anordnung der Ornament- und Linienbänder. Besonders augenscheinlich ist die Verwandtschaft der über den Pfeilern verlaufenden Bänder aus aneinandergereihten, dunkel gerahmten Quadratfeldern, deren Mittelpunkt jeweils von einer quadratischen Intarsie markiert wird: In ihnen scheint Albertis Fassade von Santa Maria Novella unmittelbar präsent zu sein.[28]

Anders als die jeweiligen historischen Schwarzweißfotos vermuten lassen, verwandte Veil in der Kapelle ebenso wie Behrens Farben für die schablonierten Ornament- und Linienbänderungen. Die stumpf abgemischten Blau-, Blaugrün-, Braun- und Ockertöne der Linien setzen sich deutlich, aber ohne alle Härte von dem sehr lichten, warmen Grauton und gebrochenen Weiß der Raumschale der Kapelle ab – eine Farbpalette, die eine Nähe zu Behrens einerseits und zu den toskanischen Marmorfassaden andererseits nicht verleugnen kann.

Schon diese oberflächliche Betrachtung legt nahe, dass es im Zuge der Planung der Kapelle irgendeine Verbindung zwischen Düsseldorf und Ulm gegeben haben muss. Zwar war Peter Behrens, der sich um die damals junge Betonwerksteintechnologie bemüht hatte[29], anlässlich der Vorbereitungen der Großen Gartenbauausstellung in Mannheim 1907 in Kontakt mit der in Ulm ansässigen

und diesbezüglich sehr erfahrenen Zementfirma Schwenk[30], doch gab es zuvor wohl keine direkte Verbindung von Behrens nach Ulm.[31]

Das Rätsel löst sich durch einen Blick auf Veils Werdegang. Der zum Zeitpunkt des Entwurfs der Kapelle in München tätige Theodor Veil war bis 1. Oktober 1906 Bürochef von Peter Behrens in Düsseldorf gewesen. Nachdem sein Cousin Paul Thiersch, ein Neffe von Friedrich von Thiersch, seine Funktion bei Behrens übernommen hatte[32], war er nach München zurückgekehrt, wo er sich selbständig gemacht hatte. Dass Theodor Veil nach seinem Ausscheiden bei Behrens nicht wie zu erwarten die Verwirklichung eigener architektonischer Ideen anstrebte, sondern bei der Kapelle Behrens'sches Gedankengut geradezu zu kopieren schien, könnte folgendermaßen erklärt werden. Zum einen übte Behrens auf seine Mitarbeiter eine bemerkenswerte Ausstrahlung aus. Veils Nachfolger Paul Thiersch hatte beispielsweise nur ein halbes Jahr bei Behrens gearbeitet, doch hatte sich durch die Begegnung mit dem Künstler seine Architekturauffassung im Sinne von Behrens nachhaltig verändert. Ähnliches ist von Walter Gropius, Le Corbusier und vor allem Ludwig Mies van der Rohe zu berichten, die kurze Zeit später bei Behrens in Berlin arbeiten sollten. Zum andern hatte Veil als Büroleiter im Atelier Behrens eine herausgehobene Funktion. Er war nicht nur verantwortlich für den Bürobetrieb und die architektonisch-technische Umsetzung der Ideen von Behrens. Behrens scheint seinen Mitarbeitern auch gestalterisch einigen Freiraum gelassen und deren Ideen bereitwillig aufgenommen zu haben. Veil war beispielsweise im Spätsommer 1906 befugt, wäh-

> **Peter Behrens,** Musiksaal auf der
Kunstgewerbeausstellung Dresden, 1906
(F. Hoeber, Peter Behrens, 1913)

> **Theodor Veil,** Katholisch-apostolische Kapelle,
Ulm, 1907 (Ulm, Katholisch-apostolische Gemeinde,
Foto I. Schmatz, Ulm)

∨ **Theodor Veil,** Katholisch-apostolische Kapelle, Ulm,
Inneres nach Osten,1907 (Ulm, Katholisch-apostolische
Gemeinde, Foto I. Schmatz, Ulm)

rend einer Studienreise von Behrens nach Italien, in Kontakt mit dem Bauherrn Karl Ernst Osthaus einen Entwurf für die Villenkolonie Hohenhagen bei Hagen zu fertigen[33] und entwarf mit Behrens einen Wettbewerbsbeitrag für den Neubau des Warenhaus Tietz in Düsseldorf.[34] Da Behrens in seiner Direktorenfunktion an der Kunstgewerbeschule in Düsseldorf auch zeitlich gebunden war, ist anzunehmen, dass Veil einen nicht zu unterschätzenden Anteil am Entwurf der Bauten des Jahres 1906 gehabt hatte. Veil hatte sich Behrens' Architektur also nicht nur zu Eigen gemacht, sondern bis zu einem gewissen Grad auch mitentwickelt. Das im Interieur der Kapelle eingesetzte formale Vokabular war also auch das seinige gewesen.[35]

Die Innenausstattung der Kapelle ist somit auch ein bedeutendes Zeugnis für Behrens' Gestaltungswillen dieser Jahre, auch wenn die Pläne nicht von ihm selbst stammen. Dies ist deshalb von Bedeutung, als Behrens' Raumschöpfungen der Düsseldorfer Jahre zum großen Teil nur temporäre Bauten waren, oder, wie im Falle von Haus Obenauer in Saarbrücken und des Krematoriums in Hagen-Delstern, nicht mehr original erhalten sind. Dies gilt insbesondere für die von den toskanischen Marmorinkrustationen beeinflussten linearen Flächengliederungen, die bis auf wenige Reste verloren sind. Und gerade für diese Bauten, die neben der Wiener Vormoderne eines Josef Hoffmann oder Adolf Loos in ihrer katalytischen Wirkung ein außerordentlich wichtiges Bindeglied zwischen dem ausgehenden Jugendstil und der Moderne darstellen, ist die Katholisch-apostolische Kapelle in Ulm ein herausragendes Zeugnis.

Dieser Bau bildet mit zwei weiteren Kirchen ein bemerkenswertes Ensemble, an dem die Entwicklung vom Historismus beziehungsweise Eklektizismus zur Vormoderne gerade im Hinblick auf die Verwendung der Farbe schlaglichtartig nachvollzogen werden kann. Östlich der Kapelle steht die anfangs bereits angeführte neogotische ehemals katholische Garnisonskirche mit ihrer üppigen Farbigkeit, westlich die 1908, ein Jahr nach Fertigstellung der Kapelle begonnene ehemals evangelische Garnisonskirche von Theodor Fischer, ein Bau, dessen innere Farbigkeit aus dem Grau der Sichtbetonoberflächen heraus entwickelt ist, bei aller technologischen und gestalterischen Fortschrittlichkeit aber noch einer anderen Zeit anzugehören scheint, wie die barocken Schwünge der Emporen eindrucksvoll belegen. Am Vorabend der Moderne wies unter diesen drei Kirchen die kleine, äußerlich unscheinbare Kapelle[36] wohl am weitesten in die Zukunft, ohne dass die Zeitgenossen jedoch größere Notiz davon genommen hätten.

[1] Friedrich von Thierschs Vater, der 1817 geborene Heinrich Wilhelm Josias Thiersch, mit 26 Jahren bereits Extraordinarius für neutestamentliche Exegese an der Universität Marburg, hatte sich 1850 der in England beheimateten Katholisch-apostolischen Kirche angeschlossen (Horst Karl Marschall, Friedrich von Thiersch: Ein Münchner Architekt des Späthistorismus 1852–1921, München 1982, S. 407), wo er seither als einer der führenden Köpfe galt. Die Familie Thiersch war dieser Glaubensgemeinschaft offensichtlich ein Stück weit verpflichtet, weshalb sich Friedrich von Thiersch mühte, ein Familienmitglied für die Planung zu gewinnen. Theodor Veil wurde am 26. Dezember 1906 beauftragt, Entwurfsskizzen zu machen. Die Vertreter der Katholisch-apostolischen Kirche waren jedoch von Veil, immerhin ein Neffe Friedrich von Thierschs, offenbar nicht ganz überzeugt, weshalb ein weiterer Architekt, Herr Kintzinger aus Stuttgart, hinzugezogen wurde. Weil Veil sich weigerte, in Konkurrenz zu diesem zu arbeiten, verzichtete die Kirche am 17. Januar 1907 auf die Mitwirkung Veils. Dessen Pläne waren aber wohl schon weitgehend fertig, denn schon am 24. Januar 1907 konnte er die Pläne persönlich abgeben. Die Pläne von Veil und Kintzinger wurden dem Oberbürgermeister und dem Stadtbaumeister vorgelegt, die Kintzingers Entwurf zugunsten Veils Projekt ablehnten. (Angaben nach: Archiv der Katholisch-apostolischen Gemeinde Ulm).

[2] Die Quadrate haben, genau besehen, ein leicht gedrücktes Format.

[3] Bericht des Landesdenkmalamts Baden-Württemberg, o. D., in: Bauakten der apostolisch-katholischen Gemeinde Ulm.

[4] Wien 1900: Kunst, Architektur & Design, Ausstellungs-katalog Köln 1987, S. 45.

[5] In seinen Aktivitäten als Leiter der Schule beschränkte er sich bis auf die Führung einer Architekturklasse weitgehend auf die Neustrukturierung des Unterrichtsbetriebs, den er freilich mit großer Intensität unter Einbeziehung neuer herausragender Lehrkräfte betrieb. So blieb ihm noch Raum, die eigene künstlerische Entwicklung voranzutreiben.

[6] Das Weiß hatte analog zu Hoffmanns Sanatorium in Purkersdorf hier wohl auch eine Bedeutung als eine mit Sauberkeit und Hygiene assoziierte Farbe. Das Restaurant mit dem bezeichnenden Namen „Jungbrunnen" wurde von dem 1901 gegründeten Deutschen Verein für Gasthaus-Reform finanziert, dem Behrens nach einer Alkohol-Entziehungskur 1902 beigetreten war. In dem weißen Interieur sah Behrens vor diesem Hintergrund auch eine „Ästhetik der Alkoholabstinenz" (Gisela Moeller, Peter Behrens in Düsseldorf: Die Jahre von 1903 bis 1907, Weinheim 1991, 169f.)

[7] Nach: Moeller, Peter Behrens, a. a. O., 1991, S. 188f.

[8] Katja Schneider, Burg Giebichenstein. Die Kunstgewerbe-schule unter Leitung von Paul Thiersch und Gerhard Marcks 1915 bis 1933, Weinheim 1992, S. 32 und Anm. 183 sowie Moeller, Peter Behrens, a. a. O., 1991, S. 216.

[9] Vitruvs zehn Bücher über die Architektur waren kurz zuvor wiederentdeckt worden.

[10] Dahinter stehen philosophische Vorstellungen der Antike, wonach Geometrie und Musik letztlich ein und derselben Quelle entspringen. Hintergrund ist die Tatsache, dass die Teilung einer Saite in den Verhältnissen 1:2, 2:3 und 3:4 musikalisch als Oktave, Quint und Quart gehört wird.

[11] Zit. nach Moeller, Peter Behrens, a. a. O., 1991, S. 57.

[12] Die Verwendung dieses Motivs dürfte auf die Begegnung mit J. L. M. Lauweriks zurückgehen, der sich intensiv damit auseinander setzte. Behrens, der das Motiv seit Herbst 1904 in seinen Arbeiten verwendete, holte Lauweriks 1904 an die Kunstgewerbeschule Düsseldorf für die Leitung einer Architekturklasse. Das Quadrat-Kreis-Motiv ist natürlich sehr viel älter. In Verbindung mit einer in das Quadrat einbeschriebenen menschlichen Gestalt wurde es beispielsweise in verschiedenen Vitruv-Ausgaben des 16. Jahrhunderts veröffentlicht. Die wahrscheinlich bekannteste dieser Darstellungen stammt von Leonardo da Vinci. Vgl. Nicolaus Tummer, Der Hagener Impuls: Das Werk von J. L. M. Lauweriks und sein Einfluss auf Architektur und Formgebung um 1910, Hagen 1972.

[13] Als Mitarbeiter bei Peter Behrens um 1910 hatten Ludwig Mies van der Rohe und Le Corbusier Behrens' Arbeit mit geometrischen Proportionssystemen kennen gelernt. Dies hatte wahrscheinlich einen nicht unerheblichen Einfluss auf die Entwicklung von Mies van der Rohes Quadratraster und Le Corbusiers Modulor.

[14] Behrens hatte dieses Proportionssystem vermutlich über Berlage kennen gelernt. Berlage hatte den Grundriss der 1903 fertig gestellten Amsterdamer Börse auf einem Quadratraster, den Aufriss dagegen mittels aus ägyptischen Dreiecken aufgebauten Scharen von Diagonalparallelen entwickelt. Auch August Thiersch hatte dieses Proportionssystem thematisiert.

[15] Die Seitenverhältnisse der Kuben verhalten sich zueinander mit geringen Abweichungen entsprechend der „musikalischen" Proportionen 1:1, 1:2 und 2:3.

[16] Alfred Lichtwark, Briefe an die Kommission für die Verwaltung der Kunsthalle, 13. Bd. 1905, Hamburg 1908, S. 111; zit. nach Moeller, Peter Behrens, a. a. O. 1991, S. 209.

[17] Rudolf Wittkower, Grundlagen der Architektur im Zeitalter des Humanismus, München 1983, S. 16.

[18] Leon Battista Alberti, Zehn Bücher über die Baukunst, ed. Max Theuer, Wien/Leipzig 1912, Reprint Darmstadt 1991, S. 380.

[19] Wittkower, Grundlagen, a. a. O., 1983, S. 17.

[20] Andrea Palladio, Die vier Bücher zur Architektur, nach der Ausgabe Venedig 1570 aus dem Italienischen übertragen und herausgegeben von Andreas Beyer und Ulrich Schütte, Zürich 1983, Buch IV, Kap. 2, S. 275.

[21] Wittkower (Grundlagen, a. a. O., 1983, S. 24) schreibt diesbezüglich über Giuliano da Sangallos Santa Maria delle Carceri in Prato von 1485 „Ihre majestätische Einfachheit, die klare Sprache ihrer Geometrie, ihr Gewand von schimmerndem Weiß soll in der Gemeinde ein Bewußtsein von der Gegenwart Gottes erwecken – des Gottes, der das Universum nach ewigen mathematischen Satzungen

geordnet und eine Welt von allgültigen schönen Maßverhältnissen geschaffen hat, deren Einklang und Harmonie sein irdischer Tempel widerspiegelt."

[22] Zwei elegante Voluten links und rechts des Dreiecksgiebels, wie die übrige Fassade in Inkrustationstechnik ausgeführt, vermitteln zum darunter liegenden breitlagernden Sockelgeschoss. Damit hatte Alberti einen Fassadentyp entwickelt, der für zahlreiche Fassaden der Renaissance und des Barock Vorbild werden sollte.

[23] Diese und die folgenden Angaben zur Farbigkeit der von Behrens um 1905 entworfenen Bauten siehe Moeller, Peter Behrens, a. a. O. 1991, S. 430ff.

[24] Der basilikal erhöhte vierseitig von jeweils drei Okuli beleuchtete Mittelpavillon der Kunsthalle ist in seiner äußeren Erscheinung ein deutlicher Rückgriff auf die Architektur des Baptisteriums von Florenz, mit dem sich Behrens auch in den Folgejahren immer wieder auseinandersetzen sollte. Auch die roten Dachziegel der Kunsthalle könnten als Reminiszenz an die toskanischen Vorbilder gewertet werden.

[25] Ursprünglich war außen ebenfalls eine Sgraffito-Putzfassade geplant. Die Natursteinverblendung musste nach Bauschäden bereits 1910 wieder abgenommen werden.

[26] Diese sind in ihrem heutigen Zustand das Ergebnis einer Restauration des 19. Jahrhunderts.

[27] „Es ist wundervoll zu sehen oder vielmehr räumlich zu erleben, mit welchem Gefühl für die ewigen und unveränderlichen Harmonien der Kunst Behrens diese schönen Architekturen in konsequent modernen, äußerst vereinfachten und kubisch klaren Formen errichtet hat. ... Auf dem Sockel stehen die reinen Zylinder der gedrungenen Säulenschäfte, die rein quadratischen Prismen der Pfeiler ... Die Präzision aller dieser Formen ist, ähnlich wie das bereits in Oldenburg geschehen, durch farbige Kantenstreifen verstärkt. Solche flächigen Lineamente schmücken und proportionieren vor allem auch die Giebelfront des Binnenhofes, dadurch dem dahinter liegenden Musiksaal eine organische Fassade verleihend." Fritz Hoeber über Behrens' Bauten auf der Dritten Deutschen Kunstgewerbeausstellung in Dresden, in: Fritz Hoeber, Peter Behrens, München 1913, S. 49f.

[28] Viele Motive von Behrens Fassaden dieser Jahre lassen sich auf konkrete Vorbilder zurückführen. Neben Santa Maria Novella und San Miniato in Florenz spielte hierbei offensichtlich die Collegiata in Emboli und die einem älteren Bau entstammende Marmorfassade der vermutlich auf Alberti zurückgehenden Badia Fiesolana in Fiesole eine Rolle.

[29] Betonwerksteinprodukte verwendete Behrens unter anderem bei seinem Sondergarten auf der Großen Gartenbauausstellung Mannheim 1907.

[30] Nach Unterlagen aus dem Schwenk-Archiv, Ulm. In diesem Archiv befinden sich historische Fotografien von Behrens' Sondergarten in Mannheim sowie Skizzen zu Brunnenhof und Gartenhaus des Sondergartens, die zweifellos aus dem Atelier von Peter Behrens hervorgehen.

[31] Eine genaue Sichtung des Archivs hinsichtlich der Zusammenarbeit mit Behrens steht noch aus.

[32] Dies erklärt auch, warum Friedrich von Thiersch nicht seinen architektonisch hochbegabten Neffen bei der Auftragsvergabe ins Spiel gebracht hatte, nachdem sein Vater August Thiersch den Auftrag abgelehnt hatte: Paul Thiersch war zu diesem Zeitpunkt bereits in Düsseldorf eingebunden und stand deshalb nicht mehr zur Verfügung.

[33] Moeller, Peter Behrens, a. a. O., 1991, S. 493.

[34] „Behrens hat mit Veil schon ein ganzes Projekt ausgearbeitet, meine Kritik von vor vier Wochen hat ihn tatsächlich mit bewogen, den Entwurf umzuwerfen und meine Gründe werden heute berücksichtigt. Er ist sehr zugänglich auf alle Vorschläge, ziemliches hat er akzeptiert, wo ich es kaum dachte." Paul Thiersch an seine Frau am 2.10.1906; zitiert nach Schneider, Burg Giebichenstein, a. a. O., 1992, S. 26 Anm. 145.

[35] Theodor Veil entwarf um 1910 unter anderem im Umland von München einige Wohnhäuser. Seit der Gründung des Deutschen Werkbundes war er dessen Mitglied. 1919 wurde er Ordinarius an der TU Aachen. Wie Behrens neigte er in den zwanziger Jahren dem Expressionismus zu, dessen Formensprache beispielsweise die 1925 fertig gestellte Martin-Luther-Kirche in Ulm und Bauten in Aachen prägte.

[36] Das Äußere der Kapelle könnte von Theodor Fischer beeinflusst worden sein. Fischer war ein enger Freund von Friedrich von Thiersch und auch Veil bestens bekannt.

∧ **Richard Meier,** Haus Douglas,

(Ezra Stoller © Esto)

Defining Shades:
weiße und moderne Architektur

Ralph Stern

„Das Weiß des Kalkweiß ist absolut, alles hebt sich davon ab und wird absolut verzeichnet, schwarz auf weiß; es ist ehrlich und verlässlich."[1]

Le Corbusier, Le Lait de Chaux.
La Loi du Ripolin

„Ich kann nicht für alle Architekten sprechen. Ich kann nur für mich selber sprechen. Ich trage jeden Tag ein weißes Hemd. Warum? Weil ich Weiß liebe."[2]

Richard Meier in einem Interview
mit Yoshio Futagawa

In einem kürzlich in der Zeitschrift „New York" veröffentlichten Beitrag wird ein Thema angesprochen, das für die erfolgsorientierten New Yorker von großer Bedeutung ist: die Regeln des „power dressing".[3] Diese Entlarvung des Gefieders der „professional tribes", der Wirtschaftsjuristen, Galeristen und anderer Berufssparten beginnt mit einer Vorstellung von Architekten, vertreten durch Richard Meier und sein Büro. Der mit zwei seiner jüngeren Mitarbeiter posierende Meier ist in seinem Loft in der Tenth Avenue fotografiert. Im Hintergrund eröffnet sich durch ein Fenster der Blick auf das „New Yorker Building" und das Empire State Building. Im Vordergrund versammelt sich das Trio um das Modell eines neuen Meier-Entwurfs. Die Wände des Büros sind weiß, der Fußbodenbelag ist grau, der Tisch, um den sich die drei Personen scharen, schwarz. Alle drei sind in Schwarz und Weiß gekleidet. „Sie erscheinen wie Archetypen eben jener Berufstätigen, welche die minimalistischen Räume von Meiers emporstrebenden, strahlenden Bauten bevölkern, das heißt, sie wirken unübersehbar modern", lautet der begleitende Text. Kleidervorschriften für die Mitarbeiter seines Büros sind für Meier selbstverständlich. „Es gibt in der Tat einen Dresscode, aber seine Einhaltung muss nicht geprüft werden." Die Anzüge sind dunkel, die „Hemden sind weiß."

Die Bedeutung einheitlicher Firmenkleidung in einem konkurrierenden Umfeld ist sicher nicht leichtfertig abzutun: ebenso wie der Wirtschaftsjurist erst durch den Erwerb einer Cartier-Uhr auch äußerlich in die Welt eintritt, in der Zeit Geld ist, zeugt auch die schlichte, schwarz-weiße Kleidung in ihrer Ähnlichkeit mit den minimalistischen Raumschöpfungen Meiers von der Bindung des Architekten und seiner Mitarbeiter an die eigene minimalistische Ästhetik. Meiers Kollege bemerkt: „Das ist es, was wir tun." Für Meier selbst ist Weiß ein entscheidender Bestandteil seiner Ästhetik. In einem anderen Interview fragte der Gesprächspartner ihn, ob ein Architekt eine Identität benötige, worauf Meier antwortete: „Ich trage jeden Tag ein weißes Hemd. Warum? Weil ich Weiß liebe."[4]

Als Zeichen der Identität wird Weiß häufig mit Begriffen wie Gleichförmigkeit, Hygiene und Intimität assoziiert – lauter ideologischen Konstrukten, die ständig in der Gesellschaft kursieren. Ebenso wie die mit der Ernährung und der persönlichen Hygiene verbundenen weißen Gegenstände diese Kodierungen in den Bereich des alltäglichen Gebrauchs übertragen, überführt weiße Kleidung, sei es in Form der Firmenkleidung, des Laborkittels oder der Unterwäsche, diese Konstruktionen auch in die Bekleidung des Alltags.

Ohne die oben zitierten Artikel überbewerten zu wollen, muss doch erwähnt werden, dass darin noch auf einen anderen Aspekt angespielt wird, der über den Rahmen des Alltäglichen hinausgeht. Die Assoziation des „archetypischen", schwarz und weiß gewandeten Arbeitnehmers mit dem „ewig Modernen" verleiht den Artikeln eine historische Perspektive, in welcher die ästhetische Verpflichtung eines Büros explizit mit einer Bewegung, einem Diskurs und letztlich der Institutionalisierung der modernen Architektur und der Moderne überhaupt in Beziehung gesetzt wird. Historisch betrachtet, hat die weiße Oberfläche dazu gedient, eine Skala von Anliegen der Moderne zu kodieren, von Fragen der Kleidung bis zum Erhabenen, von der Kunst des Verbergens bis zur ästhetischen Offenlegung. Sie nimmt eine zentrale Position in der modernen Architekturdiskussion ein, nicht nur als Farbe, sondern als konstituierendes Element unserer Vorstellung von Moderne und von der Gestaltung des modernen Objekts. In den letzten Jahren wurde diesem Topos besondere Aufmerksamkeit gewidmet, allerdings kann seine tiefere Bedeutung nicht in einem einzigen Beitrag angemessen gewürdigt werden.[5] Hier will ich nur einige wesentliche Punkte ansprechen, die für die moderne Architektur von Bedeutung sind und diese mit den oben angedeuteten Aspekten verbinden sowie ihre Wechselbeziehungen darstellen. Für die Architektur werde ich mich nicht auf die bekannten Bauten der Moderne aus den 1920er und 1930er Jahren konzentrieren, sondern vielmehr relevante Texte von Le Corbusier sowie das Frühwerk von Richard Meier heranziehen, dessen Œuvre bislang noch nicht im größeren Kontext des „Weißen" als kulturelles Konstrukt behandelt worden ist.[6] Wie der Titel des vorliegenden Beitrags besagt, werden diese Aspekte als drei „shades" oder „Schattierungen" erläutert – Schattierungen, die weniger die Farbe als vielmehr deren Abwesenheit betreffen. Diese werden als „constructing white" – die weiße Oberfläche und ihr Anspruch auf Wahrhaftigkeit und moralische Ordnung – , „sustaining white" – der Widerstandskraft der weißen Fläche gegen die Auswirkungen der Zeit und ihrem Anspruch auf eine kanonische Zeitlosigkeit – und „penetrating white" – die weiße Fläche im Verhältnis zu Macht und Zerstörung – bezeichnet.

Man wird kaum widersprechen, wenn gesagt wird, dass die Anerkennung von Richard Meiers Bauten auf ihrer „Weiße" wie auch auf ihrem formalen Vokabular beruht. Meier selbst hat oft seine Verpflichtung gegenüber Le Corbusier (1887–1965) betont, der die weiße Oberfläche in seinen Veröffentlichungen von „L'Art décoratif d'aujourd'hui" (1925) bis „Quand les cathédrales étaient blanches" (1937) propagierte.[9] In einem mit „Le Lait de Chaux. La Loi du Ripolin" betitelten Essay im erstgenannten Buch lässt le Corbusier keinen Zweifel an der grundsätzlichen Bedeutung der weißen Oberfläche: „Wenn ein Haus vollkommen weiß ist, hebt sich der Umriss der Dinge ohne die Gefahr eines Fehlers davon ab; die Volumina zeigen sich deutlich; die Farben sind eindeutig. Der weiße Anstrich ist absolut, alles hebt sich deutlichst davon ab, wie schwarz auf weiß, ehrlich und verlässlich."[10] Laut Le Corbusier sollte ein völlig weißes Haus nicht nach Kriterien des Gefallens oder Nichtgefallens betrachtet werden, sondern in einem moralischen Zusammenhang: als ein Bauwerk, das „ehrlich und verlässlich" ist und dem spezielle ideologische Attribute zugesprochen werden können. Dies ist nicht nur von beiläufiger Bedeutung, denn Le Corbusier betont, dass das „Weiß des Kalkweiß absolut" sei; es verleihe allem in seiner Umgebung ein scharfes Profil „ohne die Gefahr eines Fehlers". Das Weiß ist mehr als nur ein letzter Anstrich, es bildet den eigentlichen Grund, von dem alles andere sich „deutlich abhebt". In der Tat fußt diese Reflexion der Dinge, deren „Volumina sich deutlich zeigen" und deren Farben „eindeutig" sind, auf den Grundsätzen rationalistischen Denkens und erinnern an die

„Wenn deine Anzüge sauber sind und vor allem wenn du weiße Wäsche trägst, dann ist es nicht wichtig, ob du großartig gekleidet bist."[7]

Antoine Courtin, De civilité

„Sie war nicht gerade überwältigend weiß, die Jacke; aber immerhin weiß genug [...]. Meine Absicht war nämlich gewesen, sie durch einen Farbanstrich völlig wasserdicht zu machen."[8]

Herman Melville, Weißjacke

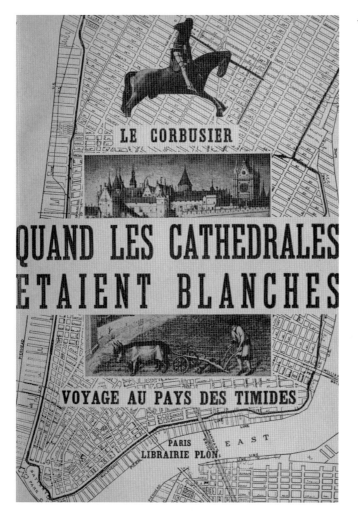

< **Le Corbusier,** Quand les cathédrales étaient blanches: Voyage au pays des timides, 1937

„klaren und eindeutigen" Ideen von René Descartes – Ideen, welche die Basis der Seinsgewissheit im menschlichen Bewusstsein bilden. Le Corbusier unterstrich die Rolle des Weiß, um die Gewissheit sichtbar zu machen, weil, wie er betonte, es „das Auge der Wahrheit" sei.[11]

Das Bemühen um Klarheit und der Wunsch nach visueller Gewissheit sind zentrale Anliegen der Moderne; sie macht den im Barock vollzogenen Umsturz der visuellen Ordnung und die Verherrlichung des „verwirrenden Wechselspiels von Form und Chaos, Oberfläche und Tiefe, Transparenz und Dunkelheit" rückgängig.[12] In der dialektischen visuellen Ordnung der Aufklärung wurden Klarheit und Transparenz miteinander verbunden; sei es im Hinblick auf die Gesamtheit der Künste oder die politischen, sozialen oder medizinischen Einrichtungen. Die Fähigkeit, die Ursache unter den vielfältigen Erscheinungsbildern wahrzunehmen, „zwischen sichtbarer Oberfläche und unsichtbarer Tiefe"[13] zu unterscheiden, ist ein wesentliches Element aufklärerischen Denkens, das nicht nur zum Wunsch nach visuellem als Gegensatz zu verbalem Wissen führt, sondern auch zu den Ordnungsprinzipien, die dem Verständnis architektonischer Typologie zugrunde liegen.[14] Das Spiel von Oberfläche und Tiefe in Le Corbusiers Werk ist ausführlich in einem klassischen Beitrag von Colin Rowe und Robert Slutzky mit dem Titel „Transparency" analysiert worden.[15] Diese zwischen tatsächlicher und scheinbarer Transparenz unterscheidende Analyse soll Meier als jungen Absolventen der Cornell University beeinflusst haben.[16] Le Corbusiers großes Interesse am Potential der Transparenz findet sich in Meiers Beschreibung des Hartford Seminary (erbaut 1978–1981) wieder, bei dem „die Gegenüberstellung des gläsernen Rasters mit dem Raster der reflektierenden weißen Paneele zu einem anhaltenden Dialog zwischen Materialität und Transparenz führt".[17]

Der weißen Oberfläche kommt bei der Organisation und Kontrolle dieses Spiels von Oberfläche und Tiefe, Materialität und Transparenz eine disziplinierende Funktion zu; gegen die weiße Fläche ist letztlich alles „absolut verzeichnet, schwarz auf weiß". Wenn Le Corbusier vom vollkommen weißen Haus spricht, so geht es ihm nicht um Reinwaschung im Sinne von „Schönfärberei", sondern nur um die Farbe Ripolin, die – laut Werbung der Firma – „geeignet für den Anstrich von Metall, Holz, Putz und anderen Materialien" sei. Ripolin übertüncht nicht nur die unterschiedlichen Materialien, sondern nivelliert auch Abweichungen und beherrscht damit das Erscheinungsbild. Für Le Corbusier ist die Verwendung von weißem Ripolin ein „Gesetz", das „Gesetz des Ripolin". Die Anwendung dieses Gesetzes auf unharmonische und ungeordnete Flächen ist „ein moralischer Akt", „Liebe zur Reinheit", die dazu dient, die „Schatten und dunklen Winkel" des Hauses, die Orte der „Dunkelheit, die die Augen nicht durchdringen können", zu vertreiben.[18] Weiß steht nicht im Gegensatz zur Farbe, sondern zu Schatten und Dunkelheit, seine Transparenz im Gegensatz zum Undurchdringlichen. Sinngemäß wird Dunkelheit mit Stagnation und Tod assoziiert, während Weiß ausdrücklich mit „Handlungsfreudigkeit" und „Lebensfreude" verbunden ist.[19] Da Weiß das „Streben nach Perfektion" verkörpert, wird es das moderne Leben verändern: „Man stelle sich die Ergebnisse des Gesetzes von Ripolin vor. Jeder Bürger muss seine Vorhänge, seine Damast-stoffe, seine Tapeten und Dekorationen durch einen einfachen Anstrich mit weißem Ripolin ersetzen. Sein Heim wird gereinigt. Es gibt keine schmutzigen dunklen Ecken mehr. Alles wird gezeigt, wie es ist. Darauf folgt die innere Reinheit, denn der eingeschlage-ne Weg führt zur Ablehnung von wirklich allem, was nicht korrekt, gewollt, beabsichtigt, gewünscht, durchdacht ist; erst denken, dann handeln."[20]

In seinen Buch „Designer Walls: White Dresses" hat Mark Wigley darauf hingewiesen, dass die „weiße Fläche einen Raum nicht einfach nur reinigt oder bloß den Eindruck von Sauberkeit herstellt. Vielmehr schafft sie eine neue Art von Raum"[21], einen Raum des Denkens und der Reinheit, in dem eine neue Kultur ihr Zuhause finden kann. Wie Le Corbusier in „Vers une Architecture" (1923) ankündigte, ist Kultur „das Ergebnis eines Ausleseprozes-ses. Auslesen heißt ausscheiden, ausräumen, reinigen, das Wesent-liche nackt und klar herausbringen".[22] Dies bedeutete den Abschied von den Auffassungen des 19. Jahrhunderts, denn jenes hatte, so Walter Benjamin, die Wohnung als „das Futteral des Menschen [begriffen] und bettete ihn mit allem seinem Zubehör so tief in sie ein, dass man ans Innere eines Zirkelkastens denken könnte, wo das Instrument mit allen Ersatzteilen, in tiefe, meistens violet-te Sammethöhlen gebettet, daliegt".[23] Der Zirkel, das traditionelle Architektenwerkzeug zum Erzeugen und Eintragen von Ordnung, ruht in seinem samtenen Gehäuse, während die weiße Oberfläche die neue Ordnung konstituiert. Nur die weiße Fläche wird den modernen Menschen – und den modernen Architekten – befähigen,

wieder Herr seines Hauses und seiner selbst zu werden: „Wenn Sie erst Ripolin auf Ihre Wände getan haben, werden Sie Herr Ihrer selbst. Und sie werden wünschen, präzise und akkurat zu sein, klar zu denken."[24] Dies war für Le Corbusier ein immer wiederkehrendes Thema in den zwanziger und dreißiger Jahren, und er griff den To-pos der weißen Fläche wieder auf in seinem Buch „Quand les cathé-drales étaient blanches" (1937), in welchem er „die große Ähnlich-keit zwischen jener Zeit und der Gegenwart" demonstrieren wollte: „Die Kathedralen waren weiß, weil sie neu waren. Die Städte waren neu; sie wurden auf einmal erbaut, in geordneter Weise, regelmä-ßig, geometrisch, planvoll. Der frisch geschnittene französische Stein war so strahlend weiß wie einst die Steine der Akropolis."[25]

Für Le Corbusier ist dies eine Zeit, in der „eine neue Welt begann", eine epochaler Umbruch ähnlich demjenigen, den er von seinem eigenen Jahrhundert erwartet. Im Gegensatz zur mittel-alterlichen Vermischung von Neuplatonismus und Theologie, bei der die farblose „weiße Ekstase" mit göttlicher Erleuchtung assoziiert wurde[26], war Le Corbusier an einer sozialen Ordnung interessiert; an einer Zeit, in der „alle gemeinsam an dem großen Werk mitwirk-ten", „Europa das Handwerk dem Imperativ einer völlig neuen, wunderbaren und äußerst kühnen Technik unterordnete" und in der Architektur in geordneter Form und „planvoll" errichtet wurde. Die Kathedrale betrachtete Le Corbusier als „Volkshaus", in wel-chem „Geheimnisse, Moral und Religion" ebenso diskutiert wurden wie „Bürgerrechte oder Intrigen". Er beschrieb sie als ein „vollkom-men weißes Haus [...], großartiger Ausdruck der Freiheit des be-freiten Geistes".[27]

Das sich aus einer düsteren Vergangenheit erhebende Zeitalter der Kathedrale war eine „weiße, friedliche, fröhliche, reine [...] neue Welt", die sich aufgetan habe „wie eine Blume, die inmitten von Ruinen erblüht".[28] Für Le Corbusier war dieses Zeitalter gleichbedeutend mit dem „Erwachen der Architekturbewegung des Maschinenzeitalters"[29], wobei sowohl die Öffnung der Blume als auch die Maschinenbewegung bestimmten Gesetzmäßigkeiten folgten. Überraschend ist der Vergleich zwischen dem Zeitalter der Kathedrale und dem Zeitalter der Maschine: Beide waren die Folge neuer technischer Errungenschaften und einer neuen sozialen Ordnung, beide wandten sich von einer von Ruinen und Überresten erfüllten Vergangenheit ab, und beide verschrieben sich einer neuen Sichtweise: „Augen, die sehen, Menschen, die wissen, ihnen muss man gestatten, die neue Welt zu erbauen. Wenn die ersten weißen Kathedralen der neuen Welt stehen, wird man sehen und wissen, dass sie etwas Wahres sind, das wirklich etwas begonnen hat."[30]

Als Ergänzung zum Zeitalter der Kathedrale und dem der Maschine entdeckt Le Corbusier ein weiteres Zeitalter oder, richtiger ausgedrückt, eine andere Dimension der gegenwärtigen Welt, die noch nicht von „industriell produziertem Blechwerk" oder „mit vergoldeten Muscheln dekoriertem Porzellan" infiziert ist, eine Welt, in der die jahrhundertealte Zivilisation intakt geblieben ist.[31] Begleitet von einer Illustration dreier Stammesangehöriger in traditioneller Tracht erklärte Le Corbusier, dass das Kalkweiß dort vorhanden sei, „wo immer Völker die ausgewogene Struktur einer harmonischen Kultur bewahrt haben. [...] Ich habe Tünche

überall dort gefunden, wo das 20. Jahrhundert noch nicht angekommen war. [...] Das Kalkweiß ist seit Geburt der Menschheit mit der menschlichen Wohnung verbunden gewesen. Steine werden gebrannt, zertrümmert und mit Wasser verdünnt – und die Wände nehmen das reinste Weiß an, ein außerordentlich schönes Weiß."[32]

Folgt man Le Corbusiers Argumentation, so ist das Kalkweiß nicht als Symptom einer harmonischen Kultur, sondern als ihr Garant zu interpretieren. Ebenso wie eine gute Gesundheit kann sie aus dem Gleichgewicht geraten, wenn sie Produkten eines widersprüchlichen Zeitalters ausgesetzt wird. Da jedoch Ripolin die widersprüchlichen Oberflächen aus Holz, Metall und Gips ordnet, wird das Kalkweiß die Ordnung wiederherstellen und die Quelle der Infektion beseitigen. In diesen drei Zeitaltern – dem der Kathedrale, der „harmonischen Kultur" und der Maschine – befähigt die Klarheit der Sicht und der Zielsetzung die Menschen, Fortschritte zu machen und die Welt exakt und präzise zu beherrschen.

Das moderne Maschinenzeitalter vertreibt Schatten, Finsternis und vor allem den Bereich des trügerischen Scheins, der das 19. Jahrhundert charakterisiert, ein Jahrhundert, das sich selbst in dekorative Aufmachung gehüllt hatte. „Es ist kaum mehr erfindlich, für was nicht alles das 19. Jahrhundert Etuis erfand. Für Taschenuhren, für Pantoffeln, Eierbecher, Thermometer, Spielkarten, für was nicht alles Schoner, Läufer, Decken angefertigt wurden", lautete Benjamins Urteil, dem Le Corbusier sicher zugestimmt hätte.[33] Aber genau hier zeigt sich ein grundlegender Widerspruch: ein Widerspruch zwischen der Ablehnung des Dekorativen in der durch überladene Zusätze gekennzeichneten Architektur des 19. Jahrhunderts und der Nüchternheit und Ehrlichkeit der weißen Fläche. Wie wir gesehen haben, beschreibt Le Corbusier das Zeitalter der Kathedralen ebenso wie das Zeitalter der Akropolis als eines, in dem die frisch geschnittenen Steine das Weiße und Strahlende manifestierten. Aber abweichend von dieser ehrlichen, nüchternen Reinheit wurden die schönen weißen Flächen der historischen Architektur durch Auftragen einer wasserhaltigen Mixtur aus gebranntem und zertrümmertem Stein auf einer darunterliegenden Fläche erzielt. Letztlich hängt das moderne Zeitalter von einer oder mehreren Schichten Farbe auf einem darunterliegenden Objekt ab. Die Frage, was diese Unterschiede bedeuten, erinnert uns an den Anfangssatz von „Weißjacke", einem Roman von Herman Melville, der vor allem durch seine Erzählung vom großen weißen Wal, Moby Dick, bekannt wurde. In „Weißjacke" beginnt die Hauptfigur die Vorstellung seiner selbst und der Jacke, die seine Identität bestimmen wird, wie folgt: „Sie war nicht gerade überwältigend weiß, die Jacke; aber immerhin weiß genug [...]. Meine Absicht war nämlich gewesen, sie durch einen Farbanstrich völlig wasserdicht zu machen"[34] vermutlich durch eine Schicht weißer Farbe. Welcher Aspekt ist im Rahmen dieser Geschichte maßgebend? Weißjacke selbst, die weiße Jacke, die ihm den Namen gegeben hat, oder die Farbschicht, welche die äußerlichste Form der Erscheinung darstellt? In Melvilles Roman wird, im Gegensatz zur modernen Architektur, die weiße Schicht niemals aufgebracht. Aber in der Architekturdiskussion des 19. und frühen 20. Jahrhunderts bezeichneten solche – wenngleich feinen und diskreten – Differenzierungen einen entscheidenden Unterschied zwischen der Rolle und dem Status der darunter liegenden (architektonischen) Form und dem aufgesetzten Ornament. In seinem Beitrag „Über vielfarbige Architektur und Skulptur bei den Alten" hatte Gottfried Semper bereits erklärt, dass die Vorstellung einer nackten, materialsichtigen und damit ehrlichen Architektur des Altertums auf einem fundamentalen Irrtum der Archäologie beruhte. Er schrieb: „Allein im Sturm der Jahrhunderte war manches an der Antike verschwunden, das sich durch Tradition erhalten hatte. Man glaubte ihr nicht mehr, weil sie in der Vergleichung der vorhandenen Überreste des Altertums seinen Beleg fand. Die schwachen Spuren der Farben, Bronzen und anderer mobiler, aber durchaus ergänzender Einzelheiten wurden bei dem Übermaß neuer Gegenstände, die damals den Bewunderern der neuerstandenen Antike sich aufdrängten, leicht übersehen. So tritt uns [...] namentlich Michel Angelo zum erstenmal mit ungemalter nackter Architektur entgegen."[35]

Für Semper entsprang das Ornament einem natürlichen Bedürfnis des Menschen und war seit Anbeginn der menschlichen Zivilisation angebracht worden. Zur weiteren Erläuterung behauptet er: „Schon in ihren frühesten Entwicklungen aus dem Keime, den das menschliche Bedürfnis ins Leben rief, erschienen uns die Künste in einem engverwachsenen Zusammenhang [...]. Gemeinschaftlich wurden die Künste geboren, als man anfing, die ersten rohen Behausungen gegen Wetter und feindliche Verfolgung auszuschmücken. Dies geschah sehr frühe, denn zu den ersten Bedürfnissen der jugendlichen Menschheit gehört das Spiel und der Schmuck."[36]

Vom Primat des Ornaments in der architektonischen Schöpfung ausgehend, behauptet Semper, dass Spiel und Schmuck zu den frühesten Bedürfnissen der Menschheit gehören. Dieses Spiel dürfe nicht einer weißen Fläche untergeordnet werden, die Semper mit Nacktheit gleichsetzte. War es Le Corbusiers Absicht, als er seinen Aufsatz „La Loi du Ripolin" in „L'Art décoratif d'aujourd'hui" veröffentlichte, das Kalkweiß mit der Nacktheit der Form gleichzusetzen, oder wollte er es als das dekorative Mittel von heute definieren? Wigley argumentierte, dass die Schicht weißer Farbe keines von beidem sei; sie unterwerfe sich weder der übermäßig sinnlichen Nacktheit noch der übermäßig sinnlichen Ornamentierung.

Bei der Betrachtung der Gegensätze des Nackten und des Ornamentierten verwendet Le Corbusier Argumente, die sich nicht auf die moderne Architekturreform, sondern auf die Reform der Kleidung beziehen; er setzt „Modernität mit moderner Kleidung" und dem „gut geschnittenen Anzug" gleich.[37] Folgt man diesem Gedankengang, so ist das weiße Hemd gleichbedeutend mit der weißen Farbschicht, es bekleidet den Körper, wird aber nicht zum Ornament. Des Ornaments beraubt, wird das weiße Hemd zum Symbol für ästhetische und gesellschaftliche Reformen, und Le Corbusier verband seine Diskussionen über Kleidung mit architektonischer Erneuerung und modernistischen Prinzipien ähnlich wie Jean-Jacques Rousseau am Ende des ancien régime die Kleiderreform mit nationaler Erneuerung und egalitären Bestrebungen gleichgesetzt hatte. Rousseau erklärte den Unterschied zwischen Mode und Kleidung, indem er argumentierte, dass das geschmückte Kleid „dazu dient, Reichtum und Rang erkennbar zu machen.

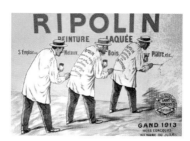

⌃ **E. Vavasseur,** Ripolin Werbung, Plakat

Dies ist ein Missbrauch, der nach einer Reform verlangt; es würde dem Geist der Erneuerung Frankreichs entsprechen, wenn die Kleidung zu ihrer ursprünglichen Bestimmung und zu gleichberechtigten Formen zurückkehrte."[38] Besondere Aufmachung ist ein Missbrauch, der gegen die ursprüngliche Bestimmung der Kleidung verstößt, nämlich den Menschen zu bekleiden.

In seinem Buch „The Culture of Clothing" beobachtete Daniel Roche, dass „jede Gesellschaft daran entschlüsselt werden kann, was sie offenlegt, aber noch besser dadurch, was sie verbirgt".[39] Die Beziehung der Farbe Weiß in der Kleidung zu gesellschaftlichen Reformen ist komplex und zeugt von einem gesunden Gleichgewicht zwischen politischen wie auch medizinischen Institutionen. Politisch war Weiß eine staatliche Farbe: ein Symbol für Gerechtigkeit und Beständigkeit, das durch seine Übertragung auf die Uniformen der französischen Aristokratie und ihres Militärs von der Autorität der Monarchie kündete[40], – einer Autorität, die von vielen Reformern der Aufklärung angefochten wurde. Aber Weiß wurde auch mit der Erfindung des weißen Leinens verbunden und die Verbreitung von Unterwäsche als wichtig zur Verhütung von Krankheiten betrachtet. Die weiße Fläche lieferte den Beweis für die Reinheit des Körpers; ihre sichtbare Präsenz war ein Indikator für die innere Sauberkeit, da saubere Wäsche mit persönlicher Hygiene gleichgesetzt wurde. Georges Vigarello, ein Chronist der

Reinlichkeit, ist der Ansicht, dass weiße Kleidung sogar das Intime andeutete: „Doch spielt das weiße Hemd vor allem auf das an, was sich unter der Kleidung verbirgt. So als ob es die Haut äußerlich sichtbar ‚repräsentieren' würde, lässt es das Versteckte teilweise sichtbar werden. Der die Haut berührende Stoff legt an den Öffnungen der Kleidung mal diskret, mal demonstrativ Zeugnis über das ‚darunter' ab. Das Hemd ist hier Zeichen für die Sauberkeit eines ganz bestimmten Bereiches, nämlich der intimen Körperzonen."[41]

Das einen Großteil des Körpers bedeckende Leinen absorbierte angeblich die „Ausdünstungen" des Körpers, indem es sie von der Haut entfernte; „weiße Wäsche beseitigt demnach den Schmutz, weil sie direkt mit dem Körper in Berührung kommt. Ihre Wirkung ist der von Wasser vergleichbar."[42] In einem Zeitalter, da man glaubte, dass Krankheiten durch Wasser oder Dampf übertragen würden, war die Funktion der weißen Wäsche von höchster Bedeutung. Persönliche Hygiene fand weitgehend im Bereich der „trockenen Toilette" statt; Waschen war auf die Extremitäten beschränkt und erfolgte bei der Aristokratie mit Milch oder Weißwein.[43] Selbst der große Vertreter der Moderne, Charles Perrault, betonte die Bedeutung der Wäsche in seinem Text „La parallèle des anciens et des modernes": „Es steht uns frei, ausgedehnte Bäder zu nehmen, doch die Sauberkeit unserer Leibwäsche und

> **Le Corbusier,** Studio von M. Ozenfant, aus: L'Art décoratif d'aujord'hui, 1925

die reichliche Menge, die wir davon besitzen, sind mehr wert als alle Bäder der Welt."[44] Roche hält das Leinen für eine Entdeckung des 18. Jahrhunderts, seine Verbreitung vorwiegend für ein städtisches Phänomen und betrachtet seine sichtbare Präsenz als Kontrast zu den natürlichen Stoffen, die in ländlichen Gegenden getragen werden. Das häufige Wechseln der Leibwäsche verlieh Ansehen und trug zu einer Erscheinung bei, die in der guten Gesellschaft erwartet wurde – einer Gesellschaft, in der das Bürgertum eine immer entscheidendere Rolle spielte.[45] Mit der Zunahme des persönlichen Besitzes wurde der Wechsel der Leibwäsche zu einem Zeichen der Modernität, gefolgt von Fragen der Aufbewahrung und Erhaltung.[46]

Zu Beginn des 20. Jahrhunderts verglich Hermann Muthesius in einem Beitrag mit dem Titel „Die moderne Umbildung unserer ästhetischen Anschauung" das verzierte Gewand des 18. Jahrhunderts mit dem der Gegenwart: „Damals war der seidene, mit kostbarer Stickerei besetzte Rock, die Puderperücke und das Krausenhemd üblich, heute ist selbst als Staatskleid der einfache Frackanzug mit der schlichten weißen Krawatte über dem schmucklosen, weiß gebügelten Hemd die Norm. [...] Diese Zeichen der Zeit [...] finden wir in anderen Gebilden in fast ebenso unverkennbarer Gestalt ausgeprägt als in unserer Kleidung."[47] Ein Jahr, nachdem Adolf Loos „Ornament und Verbrechen" geschrieben hatte, machte

er eine ähnliche, aber weniger optimistische Aussage: „Aber ist ihnen noch nie die merkwürdige übereinstimmung im äußeren der menschen und im äußeren der häuser aufgefallen? Paßte nicht der gotische stil zur zotteltracht, die allongeperücke zum barock! Aber passen sich unsere heutigen häuser unserer tracht an?"[48]

In der modernen Architektur wie in der Moderne überhaupt sind Kleidung und Mode deutlich voneinander zu unterscheiden; die weiße Fläche kennzeichnet die Ablehnung des Ornaments. Die Mode entspricht entweder nicht der modernen Ordnung, oder sie unterbricht diese Ordnung durch Verbreitung des Ornamentalen. Im Unterschied dazu verweigert sich der gut geschnittene Anzug, selbst wenn er „maßgeschneidert" ist, den ansteckenden Einflüssen der Mode. Wigley hat erklärt, die weiße Fläche sei „mehr als nur ein Merkmal, das die moderne Architektur zusammenhält. (Sie ist) der ‚wunde Punkt', an dem die Architektur sich scheidet."[49] Wenn die Verfolgung der einem Ariadnefaden vergleichbaren Geschichte der weißen Fläche mit ihren vielen Windungen es uns erlaubt, ihr historisches Gewebe zu untersuchen, dann mag die Aufnahme loser Fäden die glatte Fläche gleichsam auftrennen. Richard Meier hat erklärt: „Ich trage jeden Tag ein weißes Hemd. Warum? Weil ich Weiß liebe."[50] Es ist eine Erklärung, die Aufmerksamkeit erfordert, denn Meier „spricht nicht nur für sich selber", er spricht für die Ordnung der Moderne.

„Die neue Welt hatte begonnen. Weiß, friedlich, fröhlich, rein öffnete sich die neue Welt wie eine Blume inmitten von Ruinen."[51]

Le Corbusier, Quand les cathédrales étaient blanches

„[...] und weiß, wahrhaftig, weiß wie ein Leichenhemd. Und bei einem Haar wäre es hernach tatsächlich mein Leichenhemd geworden, wie der Leser zu seiner Zeit erfahren soll."

Herman Melville, Weißjacke

Canadian Pacific.

LE LAIT DE CHAUX LA LOI DU RIPOLIN

Si la question de l'art décoratif semble cette année dans les cris de la foule, les gerbes des feux d'artifices, les palais de plâtre doré, prendre une place importante au sein de nos préoccupations,

Sustaining White: Geschichten von der Überwindung der Zeit

Die Architektur Richard Meiers zeichnet sich durch Kontinuität aus – Kontinuität der Erscheinung, Kontinuität der weißen Oberfläche und Kontinuität des Stils. Sie soll der Zeit standhalten, und nicht durch sie abgeschwächt werden. Patina ist keine erwünschte Qualität, Dauerhaftigkeit der Farbe ebenso wichtig wie Dauerhaftigkeit der Geometrie. Vom Haus Ackerburg (1984–86), einem Projekt, das in Verbindung mit seiner Arbeit am Getty Center entstand, sagt Meier selbstbewusst, dass es „heute ebenso so gut aussieht wie vor zehn Jahren."[52] Es ist stets eine besondere Leistung, ein Haus am Malibu Beach in Kalifornien zu errichten, wo die Architektur dem wechselhaften Pazifikklima unmittelbar ausgesetzt ist, aber noch schwieriger ist die Erhaltung, wenn ein solcher Bau ganz in weiß gehalten ist.

Die Problematik, die weißen Außenflächen rein und makellos zu erhalten, stand seit jeher im Zentrum der Beurteilung von Kritikern ebenso wie von Verfechtern der modernen Architektur.[53] Meiers frühe Wohnhäuser waren leichte, mit Holz verkleidete Skelettbauten, was James Stirling zu der Bemerkung veranlasste, dass diese Projekte den amerikanischen Bauten von Walter Gropius und Marcel Breuer näher stünden als dem europäischen Werk Le Corbusiers – was dem jungen Meier sicherlich missfiel.[54] Indem er das eindrucksvolle Haus Smith (1965–1967) als sein „erstes Haus" bezeichnet, macht Meier deutlich, dass er hier den Punkt der Abkehr vom Vorbild Frank Lloyd Wrights und der Hinwendung zum frühen Le Corbusier sieht. Seit diesem Entwurf werden die hölzernen Flächen von Meiers Wohnhäusern ebenso wie diejenigen aus

< **Le Corbusier,** aus:
L'Art décoratif d'aujord'hui, 1925

Gips, Metall und Backstein mit einer vereinheitlichenden Schicht weißer Farbe überzogen.[55] Meiers öffentliche Bauten, die verschiedenen Zwängen der Technologie, Ausführung und Unterhaltung unterlagen, hatten damals allerdings noch sehr unterschiedliche Erscheinungsbilder mit freiliegenden Außenflächen aus Backstein, Keramikfliesen und Betonstein. Die Experimente mit einer Metallhaut begannen mit dem Projekt des nicht ausgeführten Health and Education Building in Fredonia (1968) und fanden erste Anwendung beim Bronx Development Center (1970–1977).[56] Die glänzenden Aluminium-Leichtplatten sind eine Reminiszenz an Le Corbusiers Begeisterung für Flugzeuge.[57] Aluminium unterliegt jedoch Farbveränderungen und, wenn es freiliegt, Verfärbungen durch Korrosion. Es altert im Verlauf der Zeit. Daraufhin wandte sich Meier der emaillierten Stahlplatte zu, um eine leuchtend weiße Fläche zu erhalten, die den Auswirkungen der Zeit widersteht. Diese leicht zu reinigende und elastische emaillierte Tafel ist eine direkte Übernahme der Emaillierung einer gewöhnlichen Badewanne.

Die wirtschaftlich und technisch effiziente Umnutzung eines der privatesten Gegenstände des Wohnhauses zur Verkleidung öffentlicher Gebäude war ein brillanter Einfall. Ihr Bezug zum Wasser entsprach durchaus einer anderen Metapher der modernen Architektur, dem Ozeandampfer; einem Bild, das die erste Seite von Le Corbusiers Essay „La Lait de Chaux" zierte.[58] Die Biegsamkeit dieser Platte ermöglichte es Meier, sein formales Vokabular zu erweitern. Indem sie gleichermaßen für Wohnbauten, öffentliche und kommerzielle Gebäude verwendet wurde, vereinheitlichte sie sein Werk. Sie etablierte sich als Markenzeichen für Meiers Architektur und unterschied ihn von den anderen Mitgliedern der „New York Five", einer Architektengruppe, die auch unter dem Namen „The Whites" bekannt wurde. Diese Platte ermöglichte es Meier auch, ein technisches Problem zu lösen, das Le Corbusier zugesetzt hatte: die oft schnelle Verwitterung der (weißen) mit Ripolin gestrichenen Außenfläche. Ein Jahrzehnt vor Meiers Experimenten mit diesem Material hatte Nikolaus Pevsner einen Artikel in der Zeitschrift „Architectural Review" über den damaligen Zustand vieler Le Corbusier-Bauten veröffentlicht, worin er zu folgendem Schluss kam: „Le Corbusiers Häuser sind unansehnlich im Zustand des Verfalls. Betonbauten mit Wänden, die weiß verputzt sein sollen, werden zu hässlichen Ruinen. [...] Kennzeichen von Le Corbusiers Stil von 1920 bis in die 30er Jahre sind die glatten weißen Wandflächen mit eingeschnittenen Metallfenstern ohne Leisten dazwischen und mit einer kompromisslos scharfen Horizontallinie, um sie gegen den Himmel abzusetzen. Diese weißen Flächen müssen weiß sein, die Metallrahmen frei von Rost."[60]

Die Verkleidung seiner Konstruktionen mit Email befähigte Meier, einem Anspruch der Moderne Bestand zu verleihen, dem Ideal von der reinen weißen Fläche. Sein am Rande von New Harmony in Indiana errichtetes Atheneum (1975–1979) war das erste bedeutende öffentliche Bauwerk, bei dem diese Art der Oberflächenbehandlung verwendet wurde. Dem entspricht durchaus, dass New Harmony von einer utopischen Gemeinschaft gegründet wurde, die zuerst von dem deutschstämmigen George Rapp und danach von Robert Owen geleitet wurde.[61] Meier berichtet: „Architektur wie das Phalansterium, welches in New Harmony von dem Architekten

Stedman Whitewell gebaut werden sollte, übernahm die Rolle eines Vertreters sozialen und ökonomischen Wandels."[62] Wandel, ja, aber zum Erreichen eines utopischen Ideals; eine harmonistische Architektur für eine harmonische Gesellschaft. Und wie Le Corbusier das Zeitalter der Maschine mit dem der Kathedralen und der Akropolis verbunden hatte, klingt diese Verbindung mit einer bis in die „Geburt der Menschheit" zurückreichenden Vergangenheit im Namen „Atheneum" an, der vom griechischen Athenaion übernommen wurde. Dieser in Athen gelegene Tempel war der Göttin der Weisheit und der Künste, Athena, gewidmet. Als solcher erinnert das Atheneum an die Idealwelt der alten Griechen. Diese bis zu den Schriften von Johann Joachim Winckelmann und darüber hinausreichende Idealvorstellung ist eng verbunden mit der Zeitlosigkeit der weißen Fläche und ihrer engen Verbindung mit den Anfängen der Kunstgeschichte.

Die positive Reaktion der Kritik auf das Atheneum und seine modernistischen Anklänge war unmissverständlich. Unter anderen lobte die angesehene Architekturkritikerin Ada Louise Huxtable das Gebäude mit folgenden Worten: „Dieses strahlend weiße Gebäude ist eine ebenso radikale Zugabe zum ländlichen Kernland Amerikas wie Le Corbusiers Villa Savoye zur französischen Landschaft von Poissy ein halbes Jahrhundert zuvor. [...] Es erfüllt seinen Zweck und spielt zugleich geschickt mit einer neuen Ästhetik, indem es die konventionelle Praxis der Moderne provokativ über deren etablierte Grenzen hinausführt. Richard Meier verleugnet weder die moderne Architektur, noch lehnt er sie in irgendeiner Weise ab, wie es heute in Mode ist."[63]

Als radikal wurde es betrachtet, weil es nicht in Mode war; daher spürt man die Erregung, dass dieses „strahlend weiße" modernistische Bauwerk in einer Zeit erschaffen wurde, als viele Architekten die Moderne zugunsten einer historisierenden Form der Postmoderne ablehnten. Die emaillierte Platte erlaubte auch die Veränderung kleiner, aber wirkungsvoller Details, zum Beispiel dass die leicht auskragende Regenrinnen-Abdeckung der Außenwände seiner frühen holzverkleideten Bauten aufgegeben wurde, weil die emaillierten Strukturen größere stereometrische Präzision aufwiesen und dadurch die von Pevsner geforderte „kompromisslos scharfe Horizontallinie, die sie gegen den Himmel [absetzt]", erreicht werden konnte. In Meiers eigener Beschreibung diente der an den Ufern des Flusses Wabash gelegene weiße Bau jedoch einem anderen Zweck: "Der Wasserstand des Wabash ist jedes Jahr verschieden und das Bauen auf einer Überschwemmungsfläche nicht ohne Probleme. Aus diesem Grunde wurde das Atheneum auf ein Erdpodium angehoben. Wie Rapps ‚Bootsladung des Wissens', die mit ihrer Fracht von Siedlern in New Harmony eintraf, scheint das Gebäude über dem Wasser zu schweben, ein emailverkleidetes Objekt aus einer anderen Zeit und Umgebung."[64]

Diese Beschreibung erinnert sowohl an das Haus Smith, welches an der Küste von Connecticut liegt, wie auch an das ebenso eindrucksvolle Haus Douglas (1971–1973) oberhalb des Michigansees. Das Weiß des letzteren hebt sich wirkungsvoll von der dunkelgrünen Vegetation seiner Umgebung und dem Tiefblau des Sees ab, es wird als ein Haus beschrieben, in dem man sich „fühlt, als wäre man in einem Boot".[65] Indem auf Boote und sinngemäß auf den Ozeandampfer angespielt wird, aktiviert Meiers Vorstellung von (weißen) Bauten, die über dem Wasser schweben, explizit die modernistische Metapher, die gewissermaßen bereits im Material der emaillierten Fläche enthalten ist. Es ist ein Bild, das heute aus einer „anderen Zeit und Umgebung" stammt, einer Zeit, die in den Worten von Ada Louise Huxtable „heute (nicht) in Mode ist". Die zur Ikone gewordene weiße Fläche der Moderne, die weder zeitlos noch „aus der Mode" sein will, erhebt den Anspruch, modeübergreifend zu sein. Ob in der Form des Hemdes, der Badewanne oder des Gebäudes – die weiße Fläche wird als Verzicht auf unnötiges Ornament verstanden; sie macht ein Objekt widerstandsfähig gegen den Wandel der Mode und der Zeit.

Die weiße Fläche überdauert die Zeit, weil sie nicht nur den Elementen widersteht, sondern auch den Stiländerungen. Sie strebt Zeitlosigkeit an. Indem sie diesen Zustand zu sichern versucht, wird sie wieder konstruktiv. Indem sie eine geordnete Vision von Moderne errichtet, baut sie auch eine Vision geordneter Geschichte: die Geschichte der Architektur. Diese Geschichte kann nur sehr vage konstruiert sein, etwa im Sinne von Le Corbusiers oben erwähnten „weißen Zeitaltern", sie kann aber auch exakt aufgebaut sein in der Art, wie Winckelmann sie etablierte. Indem er die Kunstgeschichte auf dem Ideal des klassischen weißen Aktes gründete, legte Winckelmann den „kunstgeschichtlichen Blick"[66] fest. Schließlich kann Geschichte auch schlicht und pragmatisch aufgebaut werden. Als in der Zeit der Aufklärung Mitglieder des Hofes ihre Gesichter und Perücken mit feinem weißem Puder bedeckten, puderten sich auch Männer, Frauen und Kinder täglich und ließen junge wie alte Gesichter gleich aussehen, da dies die Spuren des Alters verbarg – die Spuren einer persönlichen Geschichte.[67]

Wenn Meier das öffentliche Gesicht seines Büros präsentiert, richtet er, wie vor ihm Le Corbusier, sein Auge auf die Geschichte. Jeden der drei großen, vom Verlag Rizzoli publizierten Bände „Richard Meier" ziert eine Einführung von Joseph Rykwert, dem hervorragenden Architekturhistoriker, der vor allem durch sein eigenes Buch „The First Moderns" bekannt wurde, ein Werk über die Architekten der Aufklärung.[68] Meier setzt seine Sicht hoch an, schließlich ist sein Werk Geschichte im Werden. Seine fast vier Jahrzehnte anhaltende Liebe zum Weiß hält schon beträchtlich länger an als die weiße Periode Le Corbusiers, die nur von den 20er bis in die 30er Jahre dauerte. Während dieser Zeit hat Meier ein großes und erfolgreiches Büro aufgebaut, das an zwei Standorten agiert, in denen Projekte auf drei Kontinenten bearbeitet werden. Trotz dieser großen zeitlichen und räumlichen Spanne tritt er für stilistische Kontinuität ein und erklärt: „Ich glaube nicht, dass wir jeden Montag morgen eine neue Architektur erfinden."[69] Angesichts der mit der Schaffung von Architektur notwendigerweise verbundenen Komplexität hat Meier eine beachtliche Kontinuität erreicht und die weiße Fläche hat sicher eine wichtige Rolle bei der Wahrung des Erscheinungsbildes gespielt. Aber ist diese Kontinuität wirklich so glatt und nahtlos, wie sie erscheint?

Bei der Betrachtung der Bauten des Büros Meier seit dem Haus Smith wird eine Vielzahl subtiler Veränderungen erkennbar, die nicht den Besonderheiten des Bauplatzes oder des Programms

⌄ **Le Corbusier,** Villa Savoye (1928–1929),
Zustand in den 50er Jahren, aus: Architectural Review,
March 1959

zugeschrieben werden können. Meier hat in stilistisch turbulenten Jahrzehnten gearbeitet, die eine große Vielfalt von „Ismen" umfassten. Spuren derselben sind in vielen Werken Meiers zu finden. Postmoderne Bemühungen um Kontextualisierung, Zitate und Pastiche sind in der Darstellung wie auch in der Realisierung vieler Projekte erkennbar. Sie reichen von der Verwendung von gelbem Skizzenpapier und „Schinkel"-Bäumen in Zeichnungen für Wettbewerbe und Publikationen bis zu Teilelementen und Details gebauter Entwürfe. Sogar das Spätwerk von Le Corbusier aus grobem Beton wurde im Idiom der glatten emaillierten Tafel zitiert.[70] Einige Projekte neigen mehr zu Corbusiers Palladianismus, andere zu Corbusiers Brutalismus. Teilelemente und volumetrische Überlegungen zeigen ebenfalls eine große Variationsbreite; mehrere Entwürfe betonen abgerundete oder zylindrische Volumen, andere eine Architektur in ebenen Schichtungen. Meier war mit der ansonsten unanpassbaren weißen Fläche gut bedient; sie half ihm, die Spuren der Zeit zu verbergen und seine eigene Geschichte aufzubauen.

Schlägt sich diese Geschichte im größeren Rahmen der Architekturgeschichte nieder, passt sie sich den anderen, unter dem Blick des „kunsthistorischen Auges" versammelten weißen Flächen an, oder unterscheidet sie sich von ihnen? Kann „weiße Architektur" eine Position außerhalb der Geschichte beanspruchen – eine Position, die, wie Le Corbusier behauptete, gleichermaßen auf die Zeitalter der Akropolis, der Kathedrale und der Moderne anwendbar ist? Hat die weiße Fläche der Zeit widerstanden, indem sie sich im Zentrum der Architekturgeschichte als institutionalisierte Disziplin etablierte?

Kunst- und Architekturgeschichte wurden in anderen Diskussionen um die im 18. Jahrhundert erfolgende völlige Neubildung der Geschichtsordnung zusammengeschweißt – einem Jahrhundert, das mit der „Querelle des anciens et des modernes" begann und mit Edward Gibbons „The History of the Decline and Fall of the Roman Empire" (1776–1788) abschloss. Vor diesem Jahrhundert gab es nur gesonderte Betrachtungsweisen der künstlerischen und historischen Entwicklung. Die Kunst, einschließlich Bildhauerei und Architektur, wurde als „Viten" von Künstlern aufgefasst, und Stile unterschied man auf der Basis der Werke einzelner Künstler oder Schulen. Sie wurden nicht nach historischen Perioden, sondern nach Zyklen des künstlerischen Fortschritts und Verfalls bestimmt.[71] Mitte des 18. Jahrhunderts führte Johann Joachim Winckelmann eine differenziertere Betrachtung der künstlerischen Entwicklung ein, durch die Kunst und Geschichte vereinbar und die Grundlagen zur Kunstgeschichte als institutionalisierte Disziplin gelegt wurden. Jakob Burckhardt erklärte: „Die Geschichte des Stils [...] beginnt mit Winckelmann, der als erster zwischen den Perioden der antiken Kunst unterschieden und die Stilgeschichte mit der Weltgeschichte verbunden hat. Erst nach ihm wurde die Kunstgeschichte zu einem Zweig der Kulturgeschichte."[72]

Im Mittelpunkt von Winckelmanns Hauptunterscheidung der Perioden der antiken Kunst steht seine Differenzierung zwischen einem hohen oder „erhabenen" und einem „schönen" Stil, die beide gleichwertig, aber strukturell verschieden sind.[73] Die Debatte um diese Aspekte ist komplex und nahm einen großen Teil der ästhetischen Diskussion des 18. Jahrhunderts ein; be-

⌄ **Le Corbusier,** Villa Savoye (1928–1929),
Zustand in den 50er Jahren, aus: Architectural Review,
March 1959

⌄ **Le Corbusier,** Villa Savoye (1928–1929),
Zustand in den 50er Jahren, aus: Architectural Review,
March 1959

∧ **Richard Meier,** Das Atheneum,

  (Ezra Stoller © Esto)

sonders überzeugend wurde sie in Edmund Burkes Abhandlung „A Philosophical Enquiry into the Origin of our Ideas of the Sublime and Beautiful" zusammengefasst.[74] Burke beschäftigt sich kaum mit der weißen Fläche und erklärt ausdrücklich: Wenn in Gebäuden „der höchste Grad des Erhabenen angestrebt wird", so dürften Material und Ornament nicht weiß sein; vielmehr wird die Farbskala des Erhabenen mit satten Farben und Dunkelheit assoziiert[75], umgekehrt wiederum Schönheit mit gedämpften Farben und „einem schwachen Weiß".[76] Und obgleich in Winckelmanns Diktum von der „edlen Einfalt und stillen Größe" der emotionale Appell an das Erhabene und Schöne mitschwingt, stellte seine Ästhetik die weiße Fläche der klassischen griechischen Aktstatue in die vorderste Reihe der künstlerischen Wertschätzung. Die weiße Fläche wurde als kanonisches Ideal in die Grundlagen einer Disziplin eingeschrieben. Le Corbusier schrieb von den „Augen, die sehen", und jene, die es als Erste lernten zu sehen und die weiße Fläche zu würdi-

gen, sahen sie mit den Augen Winckelmanns: „Es kömmt alles darauf an, mit was für einem Auge man die Sachen ansieht", schrieb dieser; und das Auge pflegte bald seine Beobachtungsgabe dem größeren Feld der klassischen Kultur zuzuwenden, darunter jenen Ruinen, die für Architekten wie für Touristen immer leichter zugänglich wurden.[77] Gottfried Semper musste natürlich beklagen, dass dies alles ein schrecklicher Fehler sei: „Nur als Ruine, im Gewande des Altertums steht sie uns harmonisch klar vor Augen. Ein nach bisherigen Begriffen restaurierter Tempel ist ein eisgraues Unding, ein in den sonnenfarbigen Süden versetzter St. Petersburger Schneepalast."[78] Aber es war schon zu spät. Winckelmann war, wie Goethe auf seiner Reise zu den Tempeln Siziliens schrieb, ein „meisterhafter Lehrer",[79] dessen Ermahnung, dass „ein schöner Körper desto schöner sein (wird), je weißer er ist", immer noch in den weißen Flächen von heute anklingt.[80]

< **Richard Meier,** Haus Smith
(Ezra Stoller © Esto)

∨ **Richard Meier,** Haus Douglas
(Ezra Stoller © Esto)

„Es war vor allen Dingen die Weiße dieses Wals, was mir ein Grauen
beibrachte."[81]

Herman Melville, Moby Dick

„Auch wir sind an Ahabs Rücken festgeschnallt [...]"

John Hejduk,
Postscript zu Richard Meier

Über das Haus Ackerburg schreibt Meier: „Alles, wonach
man suchen muss, ist die weiße Wand. Gleich hinter dieser Wand
erweckt die Raumsequenz vom Eingang bis zum Meer ein mediter-
ranes Gefühl [...] An dieser Stelle zeigen sich die See und der
Sand, und das Haus wird fließend und zu einem kraftvollen Rahmen zugleich."[82] Es ist eine merkwürdige Sequenz: Der „kraftvolle
Rahmen" reduziert oder domestiziert scheinbar den mächtigen
Pazifischen Ozean zu einem „mediterranen Gefühl", während das
zwischen Wand und Rahmen liegende geordnete Haus fließend
wirkt. Es scheint, als ob die weiße, reine Fläche und der dunkle
Ozean als Gegensätze ins Gleichgewicht gebracht wurden: nicht als
Gegensätze der Ansicht, sondern der Macht. In seinem „La Loi du
Ripolin" hatte Le Corbusier über die weiße Fläche als Sinnbild einer
höheren Moral geschrieben, die deshalb auch mit polizeilichen Mit-
teln unterstützt werden müsse: „Angenommen es gäbe eine Verord-
nung, dass Räume in Paris mit Kalkweiß überzogen werden müssen.
Ich behaupte, dass dies eine Aufgabe beachtlichen Ausmaßes für
die Polizei und eine Manifestation hoher Moral wäre."[83]

Im Vorwort zum vorliegenden Band zitiert Meier keinen
Text von Le Corbusier, sondern aus Herman Melvilles Roman „Moby
Dick". Wie Meier die weiße Fläche in seiner Laufbahn verfolgt hat,
so verfolgte ihn der große weiße Wal. Melvilles Erzählung wird
auch von John Hejduk, einem früheren Mitglied der „New York
Five", in seinen Postscripta sowohl zu Meiers erster Monographie
(1976) als auch zu der ersten großen Rizzoli-Veröffentlichung
(1984) zitiert. Der vorliegende Text Meiers enthält zwei Zitate, von

denen das längere direkt aus Hejduks zweitem Postscriptum übernommen wurde.[84] Alle stammen sie aus Melvilles Kapitel mit dem Titel „Die Weiße des Wals". Es ist ein bemerkenswerter Text, der einige positive Assoziationen mit der Farbe Weiß hervorhebt: „Nun wird zwar im Reiche der Natur etwas Schönes, wie Marmor, Kamelien oder Perlen, durch die weiße Farbe oft noch verschönert und verfeinert, als käme dieser an sich schon ein besonderer Wert zu. Bei manchen Völkern ist dieser Farbe sogar ein gewisser königlicher Vorrang eingeräumt worden[...]."[85] In erster Linie ist dieses Kapitel jedoch ein expliziter und detaillierter Exkurs in die dunkle Seite der Farbe Weiß, eine Umkehrung der Assoziationen des 18. Jahrhunderts der Finsternis und des Grauens mit der Kraft des Erhabenen. „Abgesehen von den bei Moby Dick sich aufdrängenden Erwägungen, die für einen jeden mitunter etwas Beängstigendes haben mussten, umwitterte ihn noch ein weiterer, unsäglicher Schrecken, der an Heftigkeit bisweilen alles andere überwog, dabei aber so geheimnisvoll und schwer namhaft zu machen war, dass es fast aussichtslos erscheint, ihn in Worte fassen zu wollen. Es war vor allen Dingen die Weiße dieses Wals, was mir ein Grauen beibrachte."[86]

Melville, der Burke gelesen hatte[87], fährt dann fort mit einem veritablen Katalog des, wie Meier zitiert, Grauenhaften und Schrecklichen, Aspekte, die „in anderer Gemütsverfassung Großes und Schönes mit dieser Farbe versinnbildlichen mag", aber „in ihrer letzten idealisierten Bedeutung in uns eigentümliche Anwandlungen wachrufen".[88] Für Burke wurde das Grauen charakteristischerweise durch Kontemplation über die Macht hervorgerufen,

die letztlich in Gott verkörpert sei. Im Hinblick darauf hat Melville der von Meier zitierten Beschreibung des Albatrosses eine aufschlussreiche Fußnote hinzugefügt, die eine fantastische, an John Miltons „Paradise Lost" erinnernde Vision des Göttlichen heraufbeschwört: „Der erste Albatros, den ich je gesehen habe, bleibt mir unvergesslich. Es geschah bei andauernd böigem Wetter, in Gewässern nahe am Südlichen Eismeer. Als ich eines bewölkten Vormittags nach der Freiwache an Deck stieg, lag da auf die Großluke hingeschleudert ein königlich gefiedertes Etwas, makellos weiß, mit einem wie eine Römernase gebogenen, stolzen Schnabel. Von Zeit zu Zeit entfaltete der Vogel gewaltige, erzengelgleiche Schwingen, als umfange er eine heilige Lade. Ein wundersames Fiebern und Flattern durchlief ihn. Obschon körperlich unverletzt, stieß er Schreie aus, wie der hoheitsvolle Geist eines Abgeschiedenen in unheimlicher Not. Tief in den unbeschreiblich fremden Augen glaubte ich Geheimnissen auf den Grund zu sehen, die an das Göttliche rührten. Wie einst Abraham angesichts des Engels, verneigte ich mich; das Geschöpf war so weiß, seine Schwingen so weit, und außerdem hatte ich in jenen menschenfernen Gewässern Brauch und Herkommen der elenden, seelenverkrüppelnden Städte ganz verlernt."[89]

Ob in der Form des Dämonischen, einer „Weiße gehüllt in Finsternis"[90], oder des Engelgleichen – diese gewaltige, in einem weißen Geschöpf verkörperte Kraft der Natur überwältigt den Beobachter, lässt ihn „Brauch und Herkommen" der Städte vergessen. Die weiße Fläche beschleunigt die totale Aufhebung der menschlichen wie der architektonischen Identität.

Melvilles Mitte des 19. Jahrhunderts geschriebene Erzählung von der Jagd auf den weißen Wal zeichnet eine sowohl archaische als auch moderne Welt. Sein Text reicht von Prophezeiungen bis zu technischen Details und umfasst ein Arsenal von natürlichen sowie von Menschen verursachten Phänomenen rund um Ahabs leidenschaftliche Suche nach dem großen Leviathan, geziert mit einem „Höcker wie ein Schneeberg"; ein „großmächtiger Gott", „wölbte sich sein ganzer gemarmelter Leib wie ein Brückenbogen", „der glitzernde Rachen gähnte wie eine offene Marmorgruft."[91] Diese eher topographischen und architektonischen als auf Wasser und Fische bezogenen Schilderungen mögen auf seltsame Weise ungereimt erscheinen in der „heiteren Ruhe des tropischen Meeres", auf dem diese vielschichtige Erzählung von obsessiver und destruktiver Wut ihren Abschluss findet. Für Melville verbinden sich die furchteinflößende Erscheinung und die Kraft dieser großen, weißen Kreatur mit der Ästhetik des Erhabenen. Die ruhige Oberfläche des Meeres erinnert an die glatten Flächen von Winckelmanns klassischer Statue, hinter denen sich eine starke Kraft verbirgt: die Kraft der Natur. Die Hetzjagd erzählt jedoch eine andere Geschichte: vom Aufkommen der Industrialisierung und von der Macht des Menschen. Diese Gegenüberstellung der Macht des Menschen zu derjenigen der Natur im Kontext des Erhabenen war ein zentrales Thema des 19. Jahrhunderts, nicht nur für Literaten wie Melville, sondern auch für Maler wie J. M. W. Turner.[92]

Das Walfangschiff, eine schwimmende Fabrik, kreuzte auf Handelsrouten und steht daher auch als Metapher für die Gesellschaft als Ganze. Die Mannschaft des Schiffes, diese „Rechtlosen

und Ausgestoßenen", wie Melville seine Charaktere bezeichnete, war Mittelpunkt einer neuen Gesellschaftsordnung, einer Idee in Übereinstimmung mit den Prinzipien der amerikanischen Demokratie, „genau der Idee, (welche) die Aufgabe der Vergangenheit zur Folge hatte" und „noch nie dagewesene Forderungen an die Leistungen des Einzelnen stellte"[93] Diese ideale demokratische Organisation erinnert an Le Corbusiers Lobpreisungen des Zeitalters der Kathedralen. Aber die erzwungene Abhängigkeit von einem Führer wie dem Kapitän Ahab ist auch als Warnung Melvilles vor den dunklen Gefahren der Demagogie und letztlich der modernen Politik der Massen interpretiert worden. Der Roman wurde in einer Zeit wachsender Spannungen geschrieben, die kurze Zeit später zum Amerikanischen Bürgerkrieg führten; der verfolgte Wal wurde von einigen unter rassistischen Aspekten interpretiert als „Überlegenheit des Weißen, in dessen Verfolgung das Volk seinen eigenen Untergang sicherte".[94] Diese kaum der von Le Corbusier gepriesenen „Freude am Leben" entsprechenden Aspekte unterstreichen die destruktive Kraft einer obsessiven Verfolgung der weißen Fläche.

Entweder als Abbild der Furcht oder der Obsession bewirken die weiße Fläche und ihre Darstellung eine fast unwiderstehliche Faszination. Hejduks zweites Postskriptum erwähnt das Werk von Melville und verbindet es mit den dunklen Eigenschaften der Farbe Weiß in Stanley Kubricks Film „Shining" (1980): „Melville betrachtete natürlich die Farbe Weiß auf besondere Art. Wie er erwähnt, kann Weiß die gleichen Ängste auslösen wie Schwarz. [...]. Die meisten Horrorfilme sind von Dunkelheit, Schatten, Schwarz und Chiaroscuro geprägt. Kubriks Shining ist im hellen Licht gefilmt und von ihm erfüllt; Licht und nicht Schatten herrscht vor, das Licht ist allgegenwärtig. Weißes Licht kann Vorahnungen auslösen.' Vielleicht verweist du, Richard, durch deine besondere Verwendung von Weiß, durch das Weiß des weißen Lichts auf eine andere Bedeutung für unsere Gesellschaft und ihre Zielsetzungen, eine Bedeutung, die derjenigen der dunklen weißen Häuser von Hawthornes New England mit ihren verborgenen, geheimen Seiten entspricht."[95]

Den Aspekt der überwältigenden Kraft übermäßigen Lichts hatte bereits Burke behandelt, der erklärte: „Indem das höchste Licht die Sehorgane überwältigt, löscht es alle Objekte aus und gleicht damit in seiner Wirkung genau der Finsternis."[96] „Shining" ist nicht nur eine abschreckende Geschichte von der Feindseligkeit der Architektur; seine verschneite Szenerie gehört zu einer anderen Art von Weiß, die der desorientierenden Kraft des Schneesturms und des „Auslöschens durch Weiß" entspricht. Im Hinblick darauf leistete im 18. Jahrhundert der englische Dichter James Thomson für die weiße Winterlandschaft das Gleiche wie Winckelmann für die klassische Statue.[97] In seinem Gedicht mit dem Titel „Winter" bietet Thomson seinen Lesern ein Bild vom Schneesturm als Antithese zum menschlichen (oder architektonischen) Streben:

> „Die strengen Ungewitter kommen, und gräßlich dünstend steigen nun
> Verduckte Wolken.[...], in deren weitem Schoß
> Ganze Fluten ruhn, die [...] zu Schnee geworden [...]
> Schnell sind die Felder eingehüllt in ihrem weißen Winterkleide [...]
> Ist unsrer Erden ganze Fläch', ohn alle Tiefen, sonder Höhen

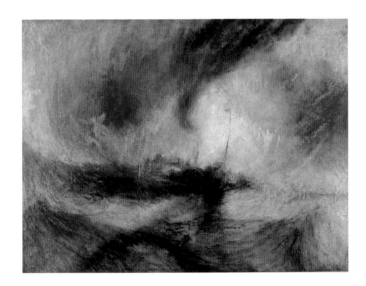

∧ **J.M.W. Turner,** Schneesturm – Dampfschiff
vor Hafeneinfahrt, 1842 (© Tate, London 2003)

< **Caspar Wolf,** Der Rhonegletscher von der Talsohle bei
Gletsch gesehen, 1778 (Aargauer Kunsthaus, Aarau)

Als eine wilde, weiße Ödnis, die uns blendet, anzusehen [...]
Welch schwarze Verzweiflung füllt sodann sein Herz
Und welch ein fürchterlich Entsetzen!"[98]

Mit seiner Schilderung der „blendenden Ödnis" und den Anspielungen auf die biblische Sintflut gibt sich Thomson der desorientierenden Kraft des Auslöschens hin – einer Kraft, die nicht von Sterblichen besiegt werden kann, die aber einen großen Einfluss auf das Leben der Sterblichen hat. Solche literarischen Bilder erzeugten Phänomene, die nicht mit der Schönheit der Natur, vielmehr mit ihrer destruktiven Kraft assoziiert wurden, die dadurch ästhetische Würdigung erfuhr. In alpinen Regionen befähigten solche Schilderungen die Reisenden des 18. und 19. Jahrhunderts, die „Fremdheit des ‚weißen Rauschens'"[99], das Gefühl der überwältigenden Desorientierung zu überwinden, welches eine Natur scheinbar ohne Ordnung und Maßstab hervorrief. So wie Winckelmann die Welt der klassischen Antike dem Auge des Kenners geöffnet hatte, so lernten die Reisenden nun, die Gletscher, die sie überquerten, zu „sehen" und die gefürchteten „Eismassen" in „erhabenste Erscheinungen der Alpen und eines der wunderbarsten Phänomene der Natur" zu verwandeln.[100] In „Shining", das in den gewaltigen Rocky Mountains spielt, klingt diese Empfin-

dung an; das gefrorene Weiß , die blendende Ödnis erwecken eine Mischung aus Angst und Begeisterung, die das Erhabene charakterisiert.

Schlussbemerkung

Nachdem wir die weiße Fläche auf dem Weg von der Kleidung bis zum Erhabenen begleitet haben, ist es notwendig, von der Architektur der Natur zur Natur der Architektur zurückzukehren. Hejduk hat mit der Erwähnung von Melvilles Roman und „Shining" das Potential der weißen Fläche unterstrichen, das viele Aspekte umfasst, die wenig mit dem Aspekt der Farbe zu tun haben. In der Untersuchung der starken emotionalen Wirkung der weißen Fläche gelingt es Hejduk, die Empfindungen des 18. und 19. Jahrhunderts mit denen des 20. Jahrhunderts zu verbinden und die mit der Gotik und dem Unheimlichen assoziierten architektonischen Topoi für die moderne Architektur zurückzufordern. „Moby Dick" lieferte ein fesselndes Bild des von Finsternis umgebenen Weiß. Während derartige Assoziationen von den Rhetorikern der Moderne abgelehnt werden, erscheinen sie im Bewusstsein der Allgemeinheit als wahr. „Vielleicht tragen ‚bad guys' nicht mehr schwarz, leben jedoch in modernen Häusern", lautet Joseph Rosas Einschätzung der populären Repräsentationen moderner Architektur und deren Bewohner.[101] Aus diesem Grund wird die moderne Architektur der weißen Flächen häufig als Teil des anderen, des Finsteren und Labyrinthischen dargestellt; der ambivalente Austausch zwischen Schwarz und Weiß deutet auf ein moralisch instabiles Universum. Le Corbusier glaubte, dass die „Loi du Ripolin" die in der Ecke lauernden Schatten vertreiben würde. Die Penetration der weißen Fläche zeigt uns, dass diese Schatten zwar vertrieben, aber nicht besiegt wurden; sie sind so eng mit der Dialektik der weißen Fläche verbunden wie das Weiß selbst.

Der Unterschied zwischen Weiß und gebrochenem Weiß ist nicht eine Frage des Helligkeitsgrades, sondern eine Frage der Beschaffenheit. Le Corbusier betrachtete die weiße Fläche als Garanten einer einzigartigen Vision. Aber ob im Hinblick auf Bauen, Erhalten oder Durchdringen der weißen Fläche, ihre tiefere Bedeutung und Komplexität erfordern größere Aufmerksamkeit, als das Projekt der Moderne ihr gewährte. In dieser Hinsicht hat Richard Meier Recht mit seiner Liebe zum Weiß, denn es wird stets neue Fragen aufwerfen, die uns stets herausfordern werden, neue Antworten zu finden.

[1] Le Corbusier, L'Art décoratif d'aujord'hui, Paris 1925 (ein Band der Reihe De L'esprit nouveau); englische Übersetzung von James I. Dunnett, A Coat of Whitewash. The Law of Ripolin, in: The Decorative Art of Today, London 1987, S. 185–192, bes. S. 190.

[2] Richard Meier in einem Interview mit Yoshio Futagawa, in: Richard Meier, GA Document Extra 08, Tokyo 1997, S. 10–38, bes. S. 30.

[3] Amy Larocca, Dress (for Success) Codes, in: New York (9. Dezember 2002), S. 28–37, bes. S. 28–29. Alle folgenden Zitate stammen von diesen beiden Seiten.

[4] Meier, in: GA Document Extra 08, a. a. O., S. 30.

[5] Die umfassendste Darstellung stammt zweifellos von Mark Wigley, Designer Walls, White Dresses: The Fashioning of Modern Architecture, Cambridge, Mass. 1995; vgl. auch seine Schriften: Untitled: The Housing of Gender, in: Sexuality and Space, Beatriz Colomina (Hrsg.), New York 1992 and White Out: Fashioning the Modern, in: Architecture: In Fashion, Deborah Fausch u. a. (Hrsg.), New York, 1994.

[6] Das Werk Richard Meiers wird zum Beispiel in Wigleys Designer Walls, a. a. O., das sich auf die klassische Moderne konzentriert, nicht erwähnt.

[7] „Si les habits s ont nets et, surtout si on a du linge blanc, il n'importe que l'on soit magnifiquement vêtu", Antoine Courtin, De civilité, Paris, 1676; zitiert in Daniel Roche, The Culture of Clothing: Dress and Fashion in the Ancien Régime, Cambridge 1996, S. 151.

[8] Herman Melville, Weißjacke (Whitejacket, New York, 1850), zitiert nach der Übersetzung von Walter Weber, Zürich 1948, S. 9.

[9] Meiers Verpflichtung gegenüber Le Corbusier ist in vielen Publikationen beschrieben worden; ein Modell von Le Corbusiers Villa Savoye (1929) schmückt sogar „wie eine Ikone" Meiers New Yorker Büro, vgl. Kenneth Frampton, Works in Transition, in: Richard Meier Architect 1985/1991, New York 1991, S. 16.

[10] Le Corbusier, The Decorative Art of Today, a. a. O., S. 190.

[11] Ebenda.

[12] Martin Jay, Downcast Eyes: The Denigration of Vision in Twentieth-Century Thought, Berkeley 1993, S. 47.

[13] Barbara Maria Stafford, Body Criticism: Imaging the Unseen in Enlightenment Art and Medicine, Cambridge 1993, S. 1.

[14] Siehe Anthony Vidler, The Idea of Type: The Transformation of the Academic Ideal, 1750–1830, in: Oppositions 8, Spring, 1977; Nachdruck in: Oppositions Reader, hrsg. von K. Michael Hays, New York 1998, S. 437–460.

[15] Colin Rowe und Robert Slutzky, Transparency: Literal and Phenomenal, in: Perspecta 8, The Yale Architectural Journal (1963). Deutsche Übersetzung von Bernhard Hoesli: Transparenz, Basel 1968, 3. ergänzte Auflage 1989 (Schriftenreihe des Instituts für Geschichte und Theorie der Architektur an der ETH Zürich; 4).

[16] Ingeborg Flagge, Richard Meier in Europa, in: Richard Meier in Europa, hrsg. von Ingeborg Flagge und Oliver G. Hamm, Berlin 1997, S. 25.

————[17] Richard Meier, in: Richard Meier Architect 1964/1984, New York 1984, S. 249.

————[18] Le Corbusier, The Decorative Art of Today, a. a. O., S. 188.

————[19] Ebenda, S. 189.

————[20] Ebenda, S. 188.

————[21] Wigley, Designer Walls, a. a. O., S. 7.

————[22] Le Corbusier, Vers une architecture, Paris 1922; deutsche Übersetzung von Hans Hildebrandt, Kommende Baukunst, Stuttgart 1926; zitiert nach: Ausblick auf eine Architektur, übers. von Hans Hildebrandt und Eva Gärtner, Basel 2001, S. 109.

————[23] Walter Benjamin, Gesammelte Schriften, 6 Bände, hrsg. von Rolf Tiedemann und Hermann Schweppenhäuser, Frankfurt am Main 1972ff., Band 5: Das Passagen-Werk (1982), S. 1035.

————[24] Le Corbusier, The Decorative Art of Today, a. a. O., S. 188.

————[25] Le Corbusier, Quand les cathédrales étaient blanches: Voyage au pays des timides, Paris 1937, S. 4.

————[26] Jay, Downcast Eyes, a. a. O., S. 39–40.

————[27] Le Corbusier, Quand les cathédrales, a. a. O., S. 4–5.

————[28] Ebenda, S. 3–5.

————[29] Le Corbusier, The Decorative Art of Today, a. a. O., S. 186.

————[30] Le Corbusier, Quand les cathédrales étaient blanches, a. a. O., S. 5.

————[31] Le Corbusier, The Decorative Art of Today, a. a. O., S. 189.

————[32] Ebenda, S. 189–190.

————[33] Benjamin, Das Passagen-Werk, a. a. O., S. 1035.

————[34] Melville, Weißjacke, a. a. O., S. 9.

————[35] Gottfried Semper, Vorläufige Bemerkungen über bemalte Architektur und Plastik bei den Alten, in: Kleine Schriften, hrsg. Hans und Manfred Semper, Mittenwald, S. 232.

————[36] Ebenda, S. 223.

————[37] Wigley, Designer Walls, a. a. O., S. 15–16.

————[38] Zitiert nach: Roche, The Culture of Clothing, a. a. O., S. 151.

————[39] Ebenda.

————[40] Ebenda, S. 245.

————[41] Georges Vigarello, Wasser und Seife, Puder und Parfüm. Geschichte der Körperhygiene seit dem Mittelalter, übersetzt von Linda Gränz, Frankfurt am Main 1992, S. 78. Originalausgabe: Le propre et le sale, Paris 1985.

————[42] Vigarello, Wasser und Seife, a. a. O., S. 75.

————[43] Susanna Stolz, Die Handwerke des Körpers. Bader, Barbier, Perückenmacher, Friseur. Folge und Ausdrücke historischen Körperverständnisses, Marburg 1992, S. 157.

————[44] Charles Perrault, La Parallèle des anciens et des modernes en ce qui regarde les arts et les sciences, Paris 1688, S. 80. Zitiert nach Vigarello, Wasser und Seife, a. a. O., S. 76.

————[45] Roche, The Culture of Clothing, a. a. O., S. 179.

————[46] Ebenda, S. 168–69.

————[47] Hermann Muthesius, Die moderne Umbildung unserer ästhetischen Anschauung, in: Muthesius, Kultur und Kunst, Leipzig 1904, S. 39–75, bes. S. 43 und 46.

————[48] Adolf Loos, Architektur (1909), in: Trotzdem 1900–1930, hrsg. von Adolf Opel, Wien 1982, S. 90–104, bes. S. 100. Reprint der Originalausgabe von 1931.

————[49] Wigley, Designer Walls, a. a. O., S. xxi.

————[50] Meier, in: GA Document Extra 08, a. a. O., S. 30.

————[51] Le Corbusier, Quand les cathédrales étaient blanches, a. a. O., S. 4.

————[52] Meier, in: GA Document Extra 08, a. a. O., S. 29–30.

————[53] Vgl. z. B. Nikolaus Pevsner, Time and Le Corbusier, in: Architectural Review, 125, Nr.746, März 1959, S. 159–165.

————[54] Kenneth Frampton, Five Architects: Eisenman/Graves/Gwathmey/Hejduk/Meier, in: Lotus International Architecture, 9. Februar 1975, S. 146–161.

————[55] Meier, in: GA Document Extra 08, a. a. O., S. 20.

————[56] Meier, in: Richard Meier Architect 1964/1984, a. a. O., S. 130–51, bes. S. 138.

————[57] Le Corbusier, Aircraft, New York 1935.

————[58] Le Corbusier, The Decorative Art of Today, a. a. O., S. 185.

————[59] Zu den „New York Five" gehörten Richard Meier, Peter Eisenman, Michael Graves, John Hejduk und Charles Gwathmey. Sie wurden auch als die „Weißen" bezeichnet im Gegensatz zu den „Grauen" wie Robert Venturi und Charles Moore. Vgl. Manfredo Tafuri, The Sphere and the Labyrinth: Avantgardes and Architecture from Piranesi to the 1970s, Cambridge 1987. Zu Meiers eigenem Verhältnis zu den „Five", siehe: Meier, in: GA Document Extra 08, a. a. O., S. 18–19.

————[60] Pevsner, Time and Le Corbusier, a. a. O. S. 160.

————[61] Eine kurze Geschichte dieser Gemeinschaft bietet Franziska Bollerey, Architekturkonzeptionen der utopischen Sozialisten: Alternative Planung und Architektur für den gesellschaftlichen Prozess, Berlin 1991, S. 62–77.

————[62] Meier, in: Richard Meier Architect 1964/1984, a. a. O., S. 191.

————[63] Ada Louise Huxtable, A Radical New Addition for Mid-America, in: The New York Times, 30. September 1979; zitiert in: Richard Meier Architect 1964/1984, a. a. O., S. 395.

————[64] Meier, in: Richard Meier Architect 1964/1984, a. a. O., S. 191.

————[65] Meier, in: GA Document Extra 08, a. a. O., S. 23.

————[66] Wigley, Untitled, a. a. O., S. 327–389, bes. S. 365.

————[67] Stolz, Die Handwerke des Körpers, a. a. O., S.159.

————[68] Joseph Rykwert, The First Moderns: The Architects of the Eighteenth Century, Cambridge 1980,

————[69] Meier, in: GA Document Extra 08, a. a. O., S. 20.

————[70] Beispielsweise diente die in den 50er Jahren aus Beton gebaute „Chamber of Assembly" in Chandigarh als Quelle der formalen Inspiration für den Entwurf des konischen Filmvorführungsraums der fünften Etage des Pariser Hauptsitzes von Canal+ (1988–1991).

[71] So in Bellori's „Vite" (1682) oder Roger de Piles „Abrégé de la Vie des Peintres"(1699). Der Begriff des Stils wurde in der Regel gebraucht, um zwischen individuellen Künstlern und Schulen zu unterscheiden, die entweder als gleichwertig oder in den Kategorien von Aufstieg und Fall definiert wurden.

[72] Jakob Burckhardt, zitiert in: Heinrich Dilly, Kunst-geschichte als Institution, Frankfurt am Main 1979, S. 85f.; vgl. Alex Potts, Flesh and the Ideal: Winckelmann and the Origins of Art History, New Haven 1994, S. 70.

[73] Potts, Flesh and the Ideal, a. a. O., siehe Kapitel 3, S. 67–72, bes. S. 67.

[74] Edmund Burke, Philosophische Untersuchung über den Ursprung unserer Ideen vom Erhabenen und Schönen, hrsg. Von Werner Strube, übersetzt von Friedrich Bassenge, Hamburg 1989 (Originalausg.: A Philosophical Enquiry into the Origin of our Ideas of the Sublime and the Beautiful, London 1757).

[75] Ebenda, S. 120.

[76] Ebenda, S. 157.

[77] Vergleiche dazu Winckelmanns Kommentar: „Es kömmt alles darauf an, mit was für einem Auge man die Sachen ansieht. Die Reiseliteratur habe sich zu wenig gekümmert, ein Mann wie Desgodets habe nur gemessen: ein anderer muß durch allgemeine Anmerkungen und Regeln lehren." Zitiert nach: Hanno-Walter Kruft, Geschichte der Architekturtheorie, München 1985, S. 210.

[78] Semper, Vorläufige Bemerkungen, a. a. O., S. 222.

[79] „Sehr gerne habe ich mich immer in solchen Wesen bespiegelt, die das besitzen, was mir abgeht, und so ist es gerade hier: ruhiger Vorsatz, Sicherheit des Zwecks, reinliche schickliche Mittel, Vorbereitung und Kenntnis, inniges Verhältnis zu einem meisterhaften Belehrenden, zu Winckelmann; dies alles geht mir ab und alles übrige, was daraus entspringt." Johann Wolfgang von Goethe: Girgenti, Donnerstag, den 16. April, in: Italienische Reise II, Sizilien 1787.

[80] Johann Joachim Winckelmann, Geschichte der Kunst des Altertums, Hrsg. W. Senff, Weimar, 1964, S. 129.

[81] Herman Melville, Moby-Dick , New York 1851, zitiert nach der Übersetzung von Fritz Güttinger, Zürich 1999, S. 322.

[82] Meier, in: Richard Meier Architect 1985/1991, a. a. O., S. 52

[83] Le Corbusier, The Decorative Art of Today, a. a. O., S. 192.

[84] John Hejduk, Postscript, in: Richard Meier Architect 1985/1991, a. a. O., S. 379.

[85] Melville, Moby-Dick, a. a. O., S. 323.

[86] Ebenda, S. 322.

[87] Barbara Glenn, Melville and the Sublime in Moby-Dick, in: American Literature, 48, 2 (Mai 1976), S. 165–82, bes. S. 165.

[88] Melville, Moby-Dick, a. a. O., S. 329.

[89] Ebenda, S. 326.

[90] Glenn, Melville and the Sublime, a. a. O., S. 169.

[91] Melville, Moby-Dick, a. a. O., S. 868, 871, 872.

[92] Siehe Andrew Wilton, Turner and the Sublime, London1980; John Dixon Hunt, Wondrous Deep and Dark: Turner and the Sublime, in: The Georgia Review, 30, 1, Spring 1976, S. 139–168.

[93] Andrew Delbanco, Introduction, in: Moby Dick, New York 1983, S. xxiv.

[94] Ebenda, S. xxi.

[95] Hejduk, Postscript, in: Richard Meier Architect 1985/1991, a. a. O., S. 379.

[96] Burke, Philosophische Untersuchung, a. a. O., S. 118.

[97] Wilton, Turner and the Sublime, a. a. O., S. 25.

[98] James Thomson, Winter, London1726; leicht verändert zitiert nach: B. H. Brockes aus dem Englischen übersetzte Jahreszeiten des Herrn Thomson, Faksimile-Reprint der Ausgabe von 1745 (New York/London 1972). Der Erfolg von Winter veranlasste Thomson zur Vollendung des gesamten Zyklus der Jahreszeiten.

[99] Götz Großklaus, Reisen in die fremde Natur: Zur Fremd-wahrnehmung im Kontext der bürgerlichen Aufstiegsgeschichte, in: Natur als Gegenwelt. Beiträge zur Kulturgeschichte der Natur, hrsg. von Götz Großklaus und Ernst Oldemeyer, Karlsruhe 1983, S. 265–276, bes. S. 265.

[100] J. Murray, A Hand-Book for Travellers in Switzerland... London 1836, Reprint Leicester 1970, S. XLIII, zitiert nach: Monika Wagner, Das Gletchererlebnis: Visuelle Naturaneignung im frühen Tourismus, in: Natur als Gegenwelt, a. a. O., S. 235–263, bes. S. 235. Siehe auch Götz Großklaus, Der Naturraum des Kulturbürgers, in: Natur als Gegenwelt, a. a. O., S. 169–196, bes. S. 178–190.

[101] Joseph Rosa, Tearing Down the House: Modern Homes in the Movies in: Architecture and Film, Hrsg. von Mark Lamster, New York, 2000, S. 159–167, bes. S. 159. Im Bereich des Filmes trifft diese Auffassung genauso für die Vorstellung des High Museums (1980–1983) Meiers als Gefängnis für kriminelle Geisteskranke in Michael Manns Manhunter (1986) zu, wie auch für die Präsentation des von Richard Neutra entworfenen Lowell Health House (1927–1929) als Zentrum eines Netzwerkes von Intrige und Verleumdung in Curtis Hansons L.A. Confidential (1997).

∧ **Sauerbruch Hutton Architekten**, Berlin,
Umweltbundesamt Dessau, Perspektive Atrium

Farbe in der Gegenwartsarchitektur –
vier von vielen Konzepten

Ursula Baus

Ursula Baus
Farbe in der Gegenwartsarchitektur – vier von vielen Konzepten
Wer fürchtet sich vorm bunten Haus?

Streit in New York

Woher rührte die ganze Aufregung? Am 16. Oktober 2002 eröffnete in New York das Hotel Westin, und an diesem 162 Meter hohen, im Vergleich zu asiatischen Wolkenkratzern nur mäßig spektakulären Hochhaus in der 8th Avenue, West 43rd Street, dicht am Times Square gelegen, scheiden sich die amerikanischen, architekturkritischen Geister. Sie scheiden sich nur zum Teil an dem geometrisch etwas disziplinlosen Konzept des Gebäudes; die Vorwürfe kulminieren vielmehr an der Farbe der durch einen Lichtbogen geteilten Fassade: Orange und Blau sind zwar gerade am Times Square keine Seltenheit, aber tobten die Farborgien der Reklame- und Neonröhrenwelt dort bislang nur im Straßenbild, so droht – fürchten manche Kritiker – die Farbe nun das gesamte Stadtbild New Yorks, die Skyline zu erobern. Das wäre nicht weiter bemerkenswert, stünde der sparsamste Umgang mit Farbe nicht für eine kulturelle New Yorker Identität, die es manchem zu verteidigen gilt. Verträgt jene Skyline, die am 11. September 2001 zweier markanter Türme beraubt wurde, keine Farbe?

Architekt des Westin ist das Büro Arquitectonica aus Miami – das sind: die Amerikanerin Laurinda Spear und der in Lima geborene Peruaner Bernardo Fort-Brescia, die 1977 mit Rem Koolhaas in Florida ein pinkfarbenes Erstlingshaus mit roter Außentreppe bauten und damit schnell über die Landesgrenzen

hinaus bekannt wurden. Sie lieben das Werk des Mexikaners Luis Barragàn und verdanken Philipp Johnson das Lob, „the gutsiest team in the business" zu sein.

Aus Miami kam auch Morris Lapidus, der 1961 mit dem Umbau des Summit Hotels an der Lexington Avenue die New Yorker Architekturkritik in Rage gebracht hatte: Mit grünen und türkisblauen Fassadenfliesen trug er einen Hauch der Subkultur Floridas in die europäischste aller amerikanischen Städte, mitten nach Manhattan. „Wir wünschten, dass sie außer ihren Pampelmusen und Orangen alles da unten für sich behalten würden und unser Nest nicht mit ihrem Geschmack beschmutzen. Unserer ist schlecht genug. Da brauchen wir keine Hilfe aus der Provinz" – klagte der Kritiker.[1]

Farbe als Vorbotin schlechten Geschmacks? Den Farbendünkel kannte man in Europa durchaus auch.[2] In New York steckt jedoch eine fast rassistische Komponente dahinter: Paul Goldberger hatte sich schon 1995 nach dem Wettbewerb des Westin echauffiert – und 2002, als es fertig war, als Gastautor im New Yorker tituliert: „Is this the uglyest building of New York?"[3] Im gleichen Blatt freute sich der hauseigene Architekturkritiker Herbert Muschamp darüber, dass endlich die lateinamerikanische Architektur New York erreicht habe, wo lateinamerikanische Kunst, Tanz und Musik längst fester Bestandteil der Kultur seien.[4]

Die Aufregung um die Farbigkeit des New Yorker Westin offenbart eine unerwartete, kulturelle Grundsatzdebatte. Muschamp heißt die farbigen Glasfassaden am Hotel-Tower als „post-modernized Mondrian" willkommen, interpretiert sie analog zu Mondrians

∧ **Arquitectonica, Miami,**
Hotel Westin, New York, 2002
(Foto Norman McGrath)

Broadway-Boogie-Woogie als „Broadway Samba. (...) Blue glass predominates on the western half, pink-orange on the east. The skin is accented with stripes of contrasting colors that evoke the movement of traffic on uptown and crosstown streets. Beep-beep. Toot-toot."[5] Währenddessen streitet Paul Goldberger für die Verdienste nordamerikanischer Hochhaustradition seit Mies van der Rohe und Frank Lloyd Wright, erkennt im Westin keine lateinamerikanische Kulturleistung und mag – wie weiland im Fall Lapidus – die neuen, farbenfroh arbeitenden Unruhestifter aus Miami in New York nicht dulden. Wohlgemerkt bezieht sich die Kritik an Arquitectonica nur auf die Keckheit, mit der sie Farbe in die Skyline tupfen; über die wunderbare Atmosphäre im kunterbunten Foyer des Hotels geraten Goldberger, Muschamp und die für den Miami Herald schreibende Kritikerin Beth Dunlop unisono ins Schwärmen.[6]

Farbe als Tradition

Zuckt hier nicht ein Gedanke an Berlin durchs Gedächtnis, wo das GSW-Hochhaus, gebaut von Matthias Sauerbruch und Louisa Hutton – beide stammen nicht aus Berlin – heitere Glasfassadenfarben ins steingraue, nur hie und da mit Dach- oder Kuppelgold aufgefrischte Berliner Stadtbild trugen? Oder an das neue, in ein Glasmosaik gehüllte Hochhaus von Alsop & Störmer am Medienhafen in Düsseldorf?

Nun fürchtet man sich aber weder in Berlin noch in Düsseldorf davor, dass individuelle Farbwelten, ja, auch Momente der Popkultur an die Spree oder am Rhein in die Höhe ragen. Und wenn schon. Vielmehr wundert man sich über diesen New Yorker Streit,

denn schließlich scheinen im Lande von Disney und Las Vegas, von Andy Warhol und Jeff Koons die Schmerzgrenzen ertragbarer Vielfarbigkeit schon seit langem überschritten. Aber offenbar prallen im konservativen New York beim Thema „Farbe im Stadtraum" genau diese in den USA auseinander gedrifteten Welten wieder jäh aufeinander.

Europa jedoch denkt bei Farbe an nichts Böses; von den Fauves und Vasarely, Mondrian und Yves Klein wendet man sich nicht mit Grausen ab, sondern denkt mit Wohlgefallen und dankbar an die Rolle, die das Thema Farbe in der europäischen Kunstgeschichte gespielt hat. Und nicht nur dort: Auch die europäische Architekturgeschichte erlaubt, einen roten Faden durch die jeweiligen wohldurchdachten Farbkonzepte zu spinnen.[7] Davon profitieren Architekten, die in der Farbe ein selbstverständliches Gestaltungsmittel jeglicher Architekturelemente begreifen können. Wer als Architekt selbst in den Farbtopf greift, weiß sich schon vorab in einer noblen, klassischen Tradition, die über Taut, Le Corbusier und das Bauhaus reicht und die modischen Ausreißer der Postmoderne, deren Farbvorlieben als Eintagsfliegen in Misskredit geraten sind, problemlos überdauerte.

Tatsächlich wird aber der Umgang mit Farbe an den wenigsten Hochschulen gelehrt und geübt, weswegen sich Architekten recht oft mit ausgewiesenen Farbexperten und -künstlern zusammen tun: Meili und Peter mit Jean Pfaff oder Günter Förg, Gigon & Guyer mit Harald Müller oder Adrian Schniess, Baumschlager und Eberle wie auch Riepl & Riepl mit Keith Sonnier – oder Otto Steidle mit Erich Wiesner. Friedrich Ernst von Garnier und Fritz Fuchs sind immer wieder für Architekten tätig, die einer Farbberatung bedürfen.[8] Mehrere Aspekte müssen im Folgenden leider vernachlässigt, aber hier doch erwähnt werden. In den letzten Jahren entstanden zum Beispiel wunderbare Räume, in denen Farbe in Form von Licht gestaltprägend auftritt: Keith Sonnier und Uwe Belzner seien hier nur beispielhaft für gelungene, farbige Lichtgestaltungen genannt.

Zum zweiten bleibt die gesamte Entwicklung der Farbkultur im privaten Innenraum tabu. Farbkompositionen, die Einrichtungen im kraftvoll bunten Ethno Style, pastelltonigem Country- und Toscanalook oder der anarchischen Farbigkeit vom Shabby Chic des Flohmarkts charakterisieren, weisen allerdings auf eine außerordentlich hohe Farbtoleranz im Privaten hin.

Das Thema Farbe bleibt also vielmehr auf die öffentlichen Seiten von Architektur beschränkt. Und auch hier können nur einige Konzepte an Beispielen aus den letzten Jahren angesprochen werden. Nicht berücksichtigt werden nun jene Ansätze, die einer jeweiligen Materialfarbe huldigen: Jedes Holz hat seine eigene Farbe; Stahloberflächen betören, je nachdem ob sie gebürstet, poliert oder lediglich verrostet sind, mit eigenwilligem Farbschimmer; und Steinsorten gibt es in unzählbaren Grün-, Grau-, Schwarz-, Rot-, Gelb- und Blautönen.[9] So lohnend auch ein Blick ins europäische Ausland wäre, wo in Skandinavien, Spanien, Italien und Griechenland ganz eigene Farbtraditionen ausgeprägt sind – auch er bleibt anderen Ausstellungen und Aufsätzen vorbehalten.[10] Und so beschränken wir uns hier auf vier von vielen Farbkonzepten.

Farbe im Einzelfall: Schneider + Schumachers rote Boxen

Nach der Wiedervereinigung und Hauptstadtentscheidung wurde in Berlin unglaublich viel gebaut, Bürger verloren die Übersicht über die Veränderung ihrer Stadt. Ein Ort der Information für jedermann tat Not – einprägsam und gut zu finden sollte er sein, und ein Provisorium natürlich auch. Im Wettbewerb für diese Informationsstelle am Potsdamer Platz wurden 1994 die jungen Frankfurter Architekten Till Schneider und Michael Schumacher gekürt. Ihre signalrote Box, errichtet als Stahl-Beton-Verbundkonstruktion mit einbrennlackierter Stahlbekleidung, aufgeständert in einem desolaten Baustellenambiente, sorgte weithin für Furore, und der außerordentliche Erfolg gab den Architekten in ihrem Entwurfsansatz Recht: Die Farbe des simplen, immerhin 62,50 Meter langen und 15 Meter breiten Stahlquaders hatte genau die Wirkung, die vorgesehen war, denn im Tohuwabohu des Potsdamer Platzes hätte 1990 bis zum Jahreswechsel 2001/2002 – so lang stand die Box – eine klassische Standortbeschreibung nichts genutzt: Es gab inmitten der sich ständig verändernden Baustelle keine räumlichen Bezugspunkte, während der Hinweis auf das rote Objekt jederzeit unmissverständlich blieb.

Mit dem Vorwurf des Banalen sind die Architekten nie behelligt worden. Vielmehr darf die Verwendung des Signalrots als ungewöhnlich disziplinierter Umgang mit Farbe innerhalb eines rigiden Konzepts gesehen werden. Schneider + Schumacher sahen in der Wahl des deutschen Verkehrsrots RAL 3020 durchaus nicht die Entscheidung einer Geschmacksfrage, sondern eine Entwurfsidee. Leuchtfarben hätten das Falsche signalisiert – nämlich einen

∨ **Schneider + Schumacher, Frankfurt/M,**
Roter Turm, Frankfurt/M, 1998 (Foto Jörg Hempel)

∨ **Schneider + Schumacher, Frankfurt/M,**
Rote Infobox, Potsdamer Platz, Berlin, 1990
(Foto Jörg Hempel)

Notfall. Einen Baukörper farbig anzustrahlen, hätte bei Tageslicht gar nicht funktioniert. So zeichnet sich die Farbwahl als Entscheidung aus, die aus der jeweiligen Aufgabe abgeleitet wird. Es darf deswegen auch nicht wundern, dass andere Bauten von Schneider + Schumacher keineswegs betont farbig oder gar bunt sind: Den Architekten liefert im allgemeinen die Materialwahl eine Farbwahl gleich mit – nämlich die jeweilige Eigenfarbe. Nur wenn es um Putz, Teppichböden, Bleche, Gipskarton und notwendige Anstriche geht, wird Farbe für sie zum autonomen Thema, das sie ohne Farbberater und gewissermaßen im Bürokollektiv angehen.

Als 2002 die Einzelteile der Berliner roten Box verkauft wurden, zeigte sich ihr Kultcharakter: Die teilweise signierten Fragmente brachten zwischen dreitausend und zwölftausend Mark ein. Und noch einmal entstand eine rote Box – kleiner zwar, und auch nicht ephemer wie die Berliner: In Frankfurt dient seit 2002 ein ebenfalls roter Turm von Schneider + Schumacher als Ort, an dem sich jedermann über die Entwicklung der neuen Hafenbebauung informieren kann. Signalrot leuchtet übrigens der Bildschirm, wenn die URL www.schneider-schumacher.de aufgerufen wird. Das Vergängliche des temporären, mit RAL 3020 verbundenen Signals zieht noch weitere Kreise: Nach dem Sinn der Architekturfotografie befragt, einigten sich Till Schneider und Michael Schumacher auf den Satz: „Die Architektur geht, die Bilder bleiben".[11] Die Farbe hinterlässt auch in der bildlichen Erinnerung an den temporären Bau die einprägsamste Spur. Man möchte nicht ausschließen, dass sich die roten Boxen zum Standard in der Bürgerinformation auf Großbaustellen mausern.

Farbe als Sympathieträger:
Sauerbruch Huttons Variationen von Rot

Ihre Einzelstellung in der Berliner Architektenszene, die gern von klaren Farben zugunsten einer gedeckten Steinoberfläche absieht, verdanken Matthias Sauerbruch und Louisa Hutton in keinem geringen Maße ihrem Mut zu frischem Kolorit. Matthias Sauerbruch wuchs als Sohn eines Malers gleichsam zwischen den Farbtöpfen auf, Louisa Hutton verfügt über eine angeborene künstlerische Ader. Als beide an der AA studierten, zeigten sich Parallelen in zeichnerisch dominiertem Entwerfen. Und bereits für die frühesten, kleinen Projekte mendelte sich eine Entwurfsdarstellung heraus, die sich der seinerzeit verpönten Perspektive und der sogenannten Blobbies bediente: Das sind jene perspektivischen Strichzeichnungen, in die – unabhängig von Konturen – monochrome Farbkleckse hineingesetzt werden, die Auskunft über die Farbvorstellungen geben, aber keiner farbechten Raumdarstellung dienen. Damals wurde mit Pinsel und Acryl, selten mit Buntstiften, aber viel mit Farbfolien experimentiert.

Die Vorliebe für Rottöne in sauberen wie schmutzigen, vornehmer ausgedrückt: gebrochenen Varianten ist ein Mitbringsel von einer Indienreise, die Sauerbruch und Hutton von England aus angetreten hatten. Hierzulande wirken diese Farbtöne frisch, im Universitätsambiente Magdeburgs sogar etwas schrill, im Lichte Süddeutschlands etwas wärmer als im oft dunstigen Norden. Tatsächlich assoziiert diese Farbpalette eher alte, englische Rosensorten denn postkartentaugliche holländische Tulpenfelder. Ein Versuch, die eigenen Farbvorlieben in eine Art hauseigenen Kanon

‹ **Sauerbruch Hutton Architekten,**
Berlin, Umweltbundesamt Dessau,
Perspektive Atrium

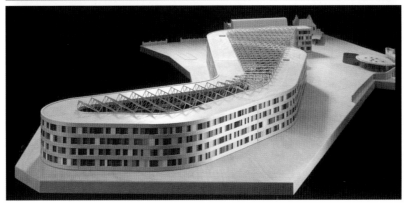

∧ **Sauerbruch Hutton Architekten,** Berlin,
Umweltbundesamt Dessau, Modellansicht,
2001 (Foto Lepkowski Studios)

∧ **Will Alsop,** London, „Düsseldorfer Hafen",
Entwurfsideen zum Colorium, 1998
(Foto Roderick Coyne)

> **Alsop Architects,** London,
Farbpaneeltypen zum Colorium
im Düsseldorfer Hafen, 2000

umzusetzen, wie es Le Corbusier anstellte, oder für eine Büro-CI zu nutzen, schlug fehl.

Farbe spielt in jedem Entwurfsstadium von Sauerbruch und Hutton eine maßgebliche Rolle, aber sie wissen meistens nicht von Anfang an, in welchen Farben ein gebautes Haus schließlich leuchten wird. Variationen sind wichtig, Zeichnungen und Computersimulationen dienen alltäglichen Farbexperimenten, die im Maßstab 1:50 und daher oft in einer Länge von über zwei Metern in ihrer Wirkung überprüft werden. Auf originale Farbproben der Farbhersteller wird nie verzichtet, annähernde Farbandrucke genügen nicht. Subtil wird der Umgang mit Farbe, wenn es nicht mehr um reine, raumbildende Farbflächen geht, sondern zum Beispiel um Tiefendimensionen einer mehrschichtigen Fassade.

Die Tiefen verstärkende Wirkung der Farbe ist ein Hauptthema des Entwurfs, den Sauerbruch Hutton für das Umweltbundesamt in Dessau realisieren konnten. Die Fassade, die als Folge der langgestreckten Gebäudefigur außerordentlich lang geriet, sollte durch eine subtile Farbkomposition in den Fassadenschichten an Glätte, an Oberflächlichkeit verlieren – was in der Ausstellung in Ulm bereits nachvollzogen werden kann. Die Zonierung der langen Fassade in mal rot, mal blau oder grün dominierte Bereiche erweitert die Aufgabe der Farbe um eine Außenraum prägende Funktion, die von der Gesamtgröße des Gebäudes abverlangt wird.

Die Auseinandersetzung mit dem jeweiligen Farbgeschmack eines Bauherren muss in jedem Projekt neu geführt werden, doch wer ein grauweißes Haus will, sucht sich ohnehin nicht Matthias Sauerbruch und Louisa Hutton als Architekten aus.

Malerei wird Hightech: Will Alsops Mosaik in Düsseldorf

„Mondrian meets flags of the world" – schrieb der independent, und meinte damit die Fassade des Colorium-Büroturms am Düsseldorfer Medienhafen. Im Grunde war dort nur eine relativ konventionelle Bauaufgabe zu lösen, und dass nun ausgerechnet eine Immoblienhandelsgesellschaft als Bauherrin eine Architektur verantwortet, deren Farbigkeit keinesfalls als marktgängig bezeichnet werden kann, weckt Neugier. Wie kam die Farbe als Gestaltungsmittel par excellence in ein von Rentabilität durchsetztes Spiel?

Man möchte wieder mal nicht an den Zufall glauben. Will Alsop studierte wie Matthias Sauerbruch und Louisa Hutton an der AA in London und ist ein Architekt, der seinen malerischen Neigungen, die den Studenten an der AA nicht ausgetrieben, sondern eher eingeübt werden, auch in harten Zeiten treu bleibt. Und die Zeiten sind hart: Professionalität, Effizienz und Renditeaussichten lassen einem individuellen Gestaltungswillen immer weniger Spielraum. Will Alsop wandert genau auf diesem Grat zwischen einer technischen Rationalisierung, die von wirtschaftlichen Zwängen aufoktroiert wird, und – ja, sagen wir's doch ruhig: künstlerischem, in der Farbe kulminierendem Anspruch. Alsop stürzt auf diesem schmalen Grat nicht ab, weil er sich von Technik nicht bedroht sieht, sondern sie schlichtweg benutzt – mehr noch: sie seinen Ansichten entsprechend vorantreibt. In der hoch verdichteten Bebauungskette am Düsseldorfer Hafen, schräg gegenüber von Frank O. Gehrys skulpturalen Bürobauten, ragt das Colorium schlank und in ein transparentes, buntes Mosaikgewand gehüllt

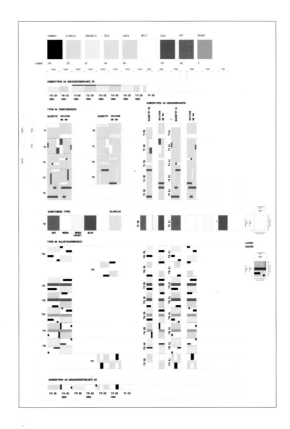

∧ **Alsop Architects,** London, Colorium,
Düsseldorfer Hafen, 2001 (Foto Wilfried Dechau)

∧ **Alsop Architects,** London, Colorium,
Düsseldorfer Hafen, 2001 (Foto Wilfried Dechau)

hervor, oben mit einem roten, einseitig auskragenden Deckel versehen. Alsop wollte nicht, dass die achtzehn übereinander gestapelten Geschosse das städtische Erscheinungsbild des Turms dominieren und entwarf deswegen eine kleinteilige Glashülle, die nun den monotonen Fassaden üblicher Kommerzarchitektur erst recht nicht ähneln durfte. Er tüftelte siebzehn verschiedene Glaspaneelmodule aus, die jeweils mit maximal vier Farbflächen bedruckt sind und auch um 180 Grad gedreht eingebaut werden konnten. Klarglas mit einbezogen, bedurfte es neun Farben, um das abwechslungsreiche, aber eben gar nicht undisziplinierte Mosaik der Hülle zusammenzusetzen. Alsop wünschte sich eine noch homogenere Hülle als sie nun ausgeführt wurde – doch der Bauherr ließ sich nicht davon abbringen, dass den Benutzern oberhalb des Brüstungsbereichs klare, unverfärbte Blicke auf die Hafenlandschaft zustünden. So ist im Glasfassadenbereich hier noch nicht ganz gelungen, was den italienischen Stoffvirtuosen Missoni in der Textilbranche auszeichnet: souveräne Integration der Farbe in eine gleichmäßige Gewebestruktur. Die technische Raffinesse von Alsops Farbenfassade, die tatsächlich an Mondriansche Malerexperimente erinnert, liegt in der Glasbehandlung: Farbe wird im Siebdruckverfahren auf das Glas gedruckt; sie trocknet und wird anschließend bei 650 bis 700 Grad ins Glas eingebrannt. Nachpinseln geht nicht, weswegen die gesamte Farb-Glas-Technologie von Anfang an ein hundertprozentig zufriedenstellendes Resultat liefern muss. Dazu gehörte, dass der Colorium-Projektleiter mit dem in Acrylfarbe kreierten Grünton Will Alsops nach Österreich zum Glasexperten fuhr, um genau dieses Grün auf Glas gedruckt zu verifizieren.

Dem kunstvollen Gebäudekleid konnte im Innern nur in den halböffentlichen Foyerbereichen etwas Adäquates folgen: ein rot leuchtender Windfang und dann orangefarbene Wände, ein moosgrüner Kunstrasen auf organisch geformten Rampen – hier spielt sich die Farbgeschmacksfrage wieder in den Vordergrund und darf individuell beantwortet werden.

Alsop ist es gelungen, Farbe in ein Metier zu tragen, das sich ihr bislang prinzipiell verschlossen hat: Die klassische Vorhangfassade kunstvoll mit Farbflächen zu bereichern, die nichts, aber auch gar nichts mit der Konstruktion zu tun haben, dürfte manchen Hütern Mies'scher Grundsätze wie Leichenschändung vorkommen. Wer allerdings, wie Will Alsop, ein „malerisches Konstrukt"[12] im Sinn hat und es auszuführen weiß, kann sich von solchen Fragen nicht beirren lassen. Entscheidend wird sein, wo das kunstvoll Farbige aufhört, wo das farbige Dekor beginnt.

Farbe bildet das Zuhause: Otto Steidle vertraut Erich Wiesner

Es ist über dreißig Jahre her, dass Otto Steidle und der Künstler Erich Wiesner zusammen ihr erstes gemeinsames Projekt in Farbe setzten: beim Internationalen Begegnungszentrum in Berlin. Erich Wiesner kümmert sich nicht um die heiligen Kühe der Architektur – Ehrlichkeit der Konstruktion, Separierung von Bauteilen und so weiter. Raum – und gerade der öffentliche in Wohnsiedlungen – erschließt sich aus seiner Sicht aus der Wahrnehmung von Flächen. Integriert Erich Wiesner Farbe in die Architektur, dann aus diesem Raumverständnis heraus bauteilübergreifend: Wenn beispielsweise ein Wohnungsbau mit Balkonen, Laubengän-

⌄ **Steidle und Partner,** München,
München Johanneskirchen, 2001
(Foto Franziska von Gagern)

⌄ **Steidle und Partner,** München,
München Johanneskirchen, 2001
(Foto Franziska von Gagern)

∧ **Erich Wiesner,** Berlin, Atelier mit
Farbmustern (Foto Reinhard Görner)

gen, Trennungswänden und auch wohnungstypologischer Vielfalt, also funktional notwendigen und sinnvollen Elementen ein baukörperliches Erscheinungsbild zerfallen lassen, dann fügt er es mit Farbe wieder zusammen: Hauswand und Balkongeländer, Sichtschutz und Handlauf sind dann in ein und derselben Farbe gestrichen, denn die Eigenfarbe eines Werkstoffs ist auch so eine heilige Architektenkuh, die er bisweilen zur Schlachtbank führt. Die außerordentliche Qualität der Zusammenarbeit von Steidle und Wiesner zeichnet allerdings aus, dass nirgends der Eindruck entsteht, die Farbe übertünche architektonische Mängel. Dem liegt Otto Steidles Ansicht zugrunde, dass alle Materialien durch Farbe verstärkt, verändert oder verfremdet werden können und dürfen. Er arbeitet zwar auch alleine mit der Farbe, aber „mit Erich Wiesner ist die Arbeit intensiver". Bessere Voraussetzungen für eine symbiotische Arbeitsweise kann man sich kaum denken. Erich Wiesner arbeitet an Farben und der Energie, die sie entwickeln, in seiner Werkstatt. Er zieht sich zurück, um mit Pigmenten eine Farbkomposition zu finden, die zur Architektur Otto Steidles passen wird; in der Werkstatt entwirft Wiesner also gewissermaßen „Stadt". Dass die wind-und-wetter-tauglichen Farben an Ort und Stelle anders werden – das ist das Unvermeidliche, was man bedauern kann.

Farbe ist für Otto Steidle nicht entwurflich begründet, sondern verstärkt und verändert den Entwurf. Andererseits scheint die Farbenfreude ein Resultat einer aufgeschlossenen Ausbildung zu sein, denn auch Otto Steidle studierte an einer Kunstakademie, wo gerade die Farbe nicht jenes Schattendasein fristet wie an den übrigen Architekturschulen.

Zwei Siedlungen sind Steidle besonders ans Herz gewachsen: Mainz-Lerchenberg und München-Johanneskirchen. In Mainz fügen sich sehr unterschiedliche Haustypen zu einem schlüssigen Ganzen, wobei die Farbe mal Häusern, mal Geschosszonen, mal den Kanten eines Platzes, mal der Perspektive einer Zeile ihre Identität verleiht. Nicht oft genug kann man betonen: Farbe eignet sich nicht als Allheilmittel für eine mediokre Architektur – die verzweifelten Anstrichexperimente bei der Sanierung von west- und ostdeutschen Beispielen des Bauwirtschaftsfunktionalismus führen direkt in gestalterische Katastrophen. Das ebenso symbiotische wie lange Zusammenwirken von Architekt Otto Steidle und Farbberater Erich Wiesner sucht seinesgleichen vergeblich – auch wenn Wiesner mit anderen Architekten zusammenarbeitet, zum Beispiel mit Behnisch und Partner beim St. Benno-Gymnasium in Dresden. Nun muss allerdings der funktionale Zusammenhang erwähnt sein: Steidle und Partner bauen mit Erich Wiesner allem voran Häuser und Quartiere zum Wohnen. Farbe wird hier zu einem Identität stiftenden Teil des „Zuhause", genauer gesagt des Weges nach Hause, denn innenräumlich öffnet jede Wohnung eine eigene Welt. Sehen die Wohnungen in den Wohnsiedlungen von Otto Steidle und Erich Wiesner anders aus als andere? Diese Frage kann hier nur aufgeworfen, aber nicht beantwortet werden.

Farben der Gegenwart

Es verhält sich mit Farben offenbar wie mit Formen. Sie spielen in der zeitverzögerten Architektur eine etwas andere Rolle als in der schnelllebigen Mode, erobern in einer pluralistischen

∧ **Steidle und Partner,** München, Mainz
Lerchenberg, 1994 (Foto Reinhard Görner)

∧ **Steidle und Partner,** München, Mainz
Lerchenberg, 1994 (Foto Reinhard Görner)

Gesellschaft aber dennoch die gleiche, wachsende Vielfalt in den zähen Prozessen des Bauens. Gibt es noch zeittypische Farbthemen? Zeitrhythmisch liegt die Autoproduktion irgendwo zwischen Mode und Architektur. In den Designabteilungen der Autofirmen weiß man etwa zwei Jahre im Vorhinein, welche Farbtöne der Karosserien „gehen", welche nicht. So folgte einer jahrelangen Dominanz von Beige- und Braun- und Wurzelholztönen schließlich eine Palette von frischen, mutigen, lebendigen, eigentlich nichtssagenden Grau- und Silbergrautönen. Die Revolution des Automarktes durch den winzigen Smart würfelte diese Rituale schlichtweg durcheinander: Der ersten Welle von Grundfarben wie Gelb und Rot und – natürlich – Schwarz und Weiß folgte schnell eine schrille Serie mit Orangerot, Aquariumblau und Froschgrün, in der Wirkung gesteigert durch eine Mischung aus Wickel- und Batikoptik.

Farbenvielfalt hielt – etwas unbemerkt – Einzug in die Architektur: Gewollt und selbstverständlich erlaubt ist, inzwischen auch im öffentlichen Straßenraum, was gefällt. Epochen kennzeichnende Farbkombinationen – man denke an die Dominanz von Orange, Grasgrün und Schokoladenbraun in den siebziger Jahren – lassen sich im Blick auf Sauerbruch Hutton, Schneider + Schumacher, Steidle und Wiesner oder Will Alsop nicht mehr ausmachen. Ihre Farbentwürfe zeigen zudem nur einen Teil der Farbkonzepte, die in der Gegenwart eine bemerkenswerte Rolle spielen. Gleichzeitig steigt die Sensibilität, die für eine jeweils farblich individuelle Situation gefordert ist, ins Unermessliche; Farbe wird deswegen ein aktuelles, für Überraschungen sorgendes Thema der Zukunft bleiben. Und so wird sich niemand wundern dürfen, wenn Sauerbruch Hutton in Kürze ein „unbuntes" Haus bauen, weil Farbenvielfalt im öffentlichen Raum das bewirken kann, was allenthalben beklagt wird: Kakophonie.

[1] Russel Lynes, zit. nach Andrian Kreye, in Süddeutsche Zeitung, 3. Dezember 2002.

[2] Siehe den Beitrag von K. J. Philipp, hier S. 18ff.

[3] Paul Goldberger, Post-iconic towers invade Times Square, in: The New Yorker Magazine, 4. September 2000, S.90–93; ders., Is this the uglyest building in New York?, in: The New Yorker, 10. Juli 2002.

[4] Herbert Muschamp, A Latin Jolt to the New York Skyline, in: The New Yorker, 20. Oktober 2002.

[5] Ebenda.

[6] Beth Dunlop, Arquitectonica brings magic to N.Y. skyline, in: The Miami Herald, 3. November 2002.

[7] Siehe den Beitrag von K. J. Philipp.

[8] Zur Aktualität des Themas Farbe in der Architektur siehe auch: Farbe in der Architektur: Tagung der Evangelischen Akademie Tutzing, 15.–17.2.2002; Baumeister, Heft 4, 2002; Deutsche Bauzeitschrift, Heft 2, 2003; db Deutsche Bauzeitung, Heft 3, 2003.

[9] db Deutsche Bauzeitung, Themenheft „Farbe", Heft 3, 2003.

[10] Jean-Philippe Lenclos, Die Geographie der Farbe, in: Daidalos, 51, 1994, S. 134–137; Bezug auf die Ausstellung „Geographie der Farbe" 1977 im Centre Pompidou, Paris.

[11] db Deutsche Bauzeitung, Heft 11, 2002, S.72–75.

[12] Wilfried Dechau (Hrsg.), Urbane Räume: Der europäische Architekturfotografiepreis db-architekturbild, Stuttgart 2003, S. 117.

[13] Olaf Winkler, in: Baumeister, Heft 4, 2002, S. 51.